HISTOIRE GÉNÉRALE DE PARIS

COLLECTION DE DOCUMENTS

PUBLIÉE

SOUS LES AUSPICES DE L'ÉDILITÉ PARISIENNE

LE

CABINET DES MANUSCRITS

DE LA BIBLIOTHÈQUE NATIONALE.

HISTOIRE GÉNÉRALE DE PARIS

LE CABINET DES MANUSCRITS DE LA BIBLIOTHÈQUE NATIONALE

ÉTUDE SUR LA FORMATION DE CE DÉPÔT
COMPRENANT LES ÉLÉMENTS D'UNE HISTOIRE DE LA CALLIGRAPHIE
DE LA MINIATURE, DE LA RELIURE, ET DU COMMERCE DES LIVRES À PARIS
AVANT L'INVENTION DE L'IMPRIMERIE

PAR

LÉOPOLD DELISLE

MEMBRE DE L'INSTITUT
ADMINISTRATEUR GÉNÉRAL, DIRECTEUR DE LA BIBLIOTHÈQUE NATIONALE

PLANCHES

PARIS
IMPRIMERIE NATIONALE

M DCCC LXXXI

AVERTISSEMENT.

En accueillant dans l'Histoire générale de Paris un ouvrage relatif à la formation du département des manuscrits de la Bibliothèque nationale, l'Administration municipale a voulu faire connaître une série de documents à l'aide desquels pourra s'écrire un jour l'histoire des livres en France, et particulièrement à Paris, au moyen âge. Pour mieux atteindre ce but, elle a fait exécuter le *fac-simile* des écritures employées dans un certain nombre de volumes dont l'origine et les vicissitudes se rattachent aux annales du Cabinet des manuscrits.

En 1866, époque à laquelle a été commencée la présente collection de *fac-simile*, on ne pouvait guère encore recourir à l'héliogravure; il a donc fallu se contenter des anciens procédés. On devait aussi se renfermer dans des limites de format qui interdisaient la reproduction de pages entières. Malgré ces conditions défavorables, nous espérons que, grâce à l'habileté du dessinateur, M. Bénard, le recueil offert aujourd'hui au public rendra des services de plus d'un genre : il aidera surtout les lecteurs à se familiariser avec les différentes espèces d'écritures qui ont été usitées dans notre pays pour copier les livres avant l'invention de l'imprimerie. Les cinquante planches réunies dans ce volume présentent, en effet, des exemples disposés suivant un ordre chronologique à peu près rigoureux, et empruntés, autant que possible, à des monuments dont la date est incontestable. Dans le choix on a donné la préférence aux manuscrits d'origine, sinon parisienne, au moins française, et l'on a laissé de côté, sauf de très-rares exceptions, les manuscrits qui doivent être attribués aux pays étrangers, à l'Italie, à l'Espagne, à l'Allemagne, à l'Angleterre, à l'Irlande et aux pays du Nord.

Dans le tome III du *Cabinet des Manuscrits* (p. 197-318) se trouve la lecture des morceaux reproduits ici en *fac-simile*, avec des détails sur les manuscrits qui ont été mis à contribution. — Le tableau suivant indique simplement, pour chacun des trois cent six morceaux reproduits : 1° la cote du manuscrit d'où le morceau est tiré; 2° le sujet ou l'un des sujets de ce manuscrit; 3° le caractère et la date de l'écriture. — Un second tableau indiquera, suivant l'ordre des cotes, les cent soixante-sept manuscrits de la Bibliothèque nationale auxquels les modèles ont été empruntés.

LISTE DES MORCEAUX REPRODUITS EN *FAC-SIMILE*.

NUMÉROS DES PLANCHES.	COTES des MANUSCRITS.	SUJET DES MANUSCRITS.	CARACTÈRE ET DATE DES ÉCRITURES.
I, 1	Latin 8084..	Poésies de Prudence...........	Capitale du ve siècle.
I, 2	Latin 11955.	Évangiles....................	Capitale du VIIIe siècle.
I, 3	Latin 8084..	Notes sur Prudence............	Petite onciale du VIe siècle.
I, 4	Latin 9383..	Évangiles....................	Capitale du VIIIe siècle.
I, 5 et 7.......	Latin 12190.	Notes sur saint Augustin	Minuscule et cursive du VIIIe siècle.
I, 6	Latin 12205.	Règles monastiques............	Onciale du VIIe siècle.
I, 8	Latin 12190.	Saint Augustin................	Onciale ou semi-onciale du VIIIe siècle.
II, 1..........	Grec 107...	Épîtres de saint Paul	Onciale du VIe siècle.
II, 2-9 et 11-15.	Grec 107...	Notes sur les épîtres de saint Paul..	Minuscules et cursives du VIe ou du VIIe siècle.
II, 10.........	Latin 17226.	Évangiles................. ..	Onciale du VIIe siècle.
II, 16.........	Latin 8084..	Souscription de Vettius Agorius Basilius	Petite onciale du VIe siècle.
III, 1-3........ IV, 1-3........	Latin 12097.	Canons des conciles............	Onciales, minuscules et cursives du VIe siècle.
IV, 4 et 5......	Latin 13368.	Commentaire sur saint Paul......	Semi-onciale et minuscule du VIe siècle.
V, 1	Latin 2630..	Saint Hilaire	Onciale du VIe siècle.
V, 2 et 3.......	Latin 2630..	Marque des livres de l'abbaye de Saint-Denis.	XIIIe siècle.
V, 4	Latin 2630..	Marque des livres de l'abbaye de Saint-Denis.	XVe siècle.
V, 5	Latin 2630..	Notes sur saint Hilaire..........	Cursive du VIe siècle.
VI, 1	Latin 12214.	Cité de Dieu de saint Augustin....	Semi-onciale et capitale du VIe siècle.
VI, 2	Latin 10592.	Saint Cyprien.................	Onciale du VIe siècle.
VI, 3	Latin 5730..	Tite-Live....................	Onciale et minuscule du Ve siècle.
VI, 4-16.......	Latin 12214.	Notes sur la Cité de Dieu........	Minuscule et cursive du VIe siècle.
VII, 1.........	Latin 9643..	Code théodosien..............	Onciale du Ve ou du VIe siècle.
VII, 2.........	Latin 11641.	Saint Augustin, sur papyrus.......	Capitale et onciale du VIe siècle.
VII, 3.........	Latin 11947.	Psautier attribué à saint Germain..	Onciale du VIe siècle.

NUMÉROS DES PLANCHES.	COTES des MANUSCRITS.	SUJET DES MANUSCRITS.	CARACTÈRE ET DATE DES ÉCRITURES.
VIII, 1 et 3	Latin 8907.	Saint Hilaire	Onciale du ve siècle.
VIII, 2	Latin 8907.	Notes ajoutées aux actes du concile d'Aquilée.	Semi-onciale ou minuscule du ve siècle.
VIII, 4	Latin 12634.	Règle monastique	Onciale du VIIe ou du VIIIe siècle.
IX, 1-4	Latin 13367.	Saint Augustin	Semi-onciale, minuscule et cursive du VIe ou du VIIe siècle.
IX, 5	Latin 9451.	Épîtres et évangiles	Semi-onciale de la fin du VIIIe siècle.
IX, 6 et 7	Latin 11326.	Épigrammes de saint Prosper	Onciale et capitale du VIe siècle
IX, 8	Latin 10318.	Anthologie latine	Onciale du VIIIe siècle.
X, 1 et 2	Latin 281.	Évangiles	Capitale et onciale du VIIIe siècle.
XI, 1-6	Latin 256.	Évangiles	Onciale, minuscule et cursive du VIIe siècle.
XI, 7	Latin 18315.	Vie de saint Wandrille	Onciale du VIIIe siècle.
XII, 1	Latin 17654.	Grégoire de Tours	Onciale du VIIe siècle.
XII, 2	Latin 17655.	Grégoire de Tours	Minuscule et cursive du VIIe siècle.
XII, 3	Latin 2110.	Eugyppius	Semi-onciale du VIIIe siècle.
XIII, 1	Latin 10910.	Frédégaire	Onciale de la fin du VIIe siècle.
XIII, 2	Latin 13347.	Saint Jérôme	Minuscule du VIIIe siècle.
XIII, 3-5	Latin 10910.	Notes du manuscrit de Frédégaire	Cursive du VIIe ou du VIIIe siècle.
XIII, 6 et 7	Latin 13348.	Saint Jérôme et saint Methodius	Minuscule et cursive du VIIIe siècle.
XIV, 1-5	Latin 9427.	Lectionnaire de Luxeuil	Capitale et minuscule du VIIe siècle.
XIV, 6	Latin 2739.	Saint Jérôme	Onciale et minuscule du VIIIe siècle.
XIV, 7	Latin 18282.	Histoire ecclésiastique d'Eusèbe	Minuscule du VIIIe siècle.
XIV, 8	Latin 12048.	Martyrologe de Gellone	Semi-onciale et minuscule de la seconde moitié du VIIIe siècle.
XV, 1-3	Latin 8913.	Homélies de saint Avit	Minuscule et cursive du VIe siècle.
XV, 4	Latin 12161.	Gennadius	Minuscule et cursive du VIIe siècle.
XV, 5	Latin 10756.	Formules	Minuscule et cursive du VIIIe siècle.
XV, 6	Latin 13246.	Sacramentaire de Bobbio	Semi-onciale ou minuscule du VIIe siècle.
XV, 7	Latin 13246.	Addition à ce sacramentaire	Minuscule du VIIIe siècle.
XVI, 1	Latin 1820.	Saint Jérôme	Minuscule du VIIIe siècle.
XVI, 2	Latin 13349.	Saint Jérôme	Minuscule du VIIIe siècle.
XVI, 3-6	Latin 9550.	Saint Eucher	Onciale, minuscule et cursive du VIIIe siècle.
XVII, 1	Latin 12239.	Cassiodore	Semi-onciale et minuscule du VIIIe siècle.
XVII, 2	Latin 10756.	Formules et autres pièces	Minuscule et cursive du VIIIe siècle.
XVII, 3-5	Latin 14086.	Saint Isidore et pièces diverses	Onciale, semi-onciale, minuscule et cursive du VIIIe siècle.

NUMÉROS DES PLANCHES.	DATES des MANUSCRITS.	SUJET DES MANUSCRITS.	CARACTÈRE ET DATE DES ÉCRITURES.
XVII, 6........	Latin 13246.	Addition au sacramentaire de Bobbio.	Minuscule du VIIIe siècle.
XVIII, 1 et 2....	Latin 13047.	Poëtes chrétiens..............	Fin du VIIIe siècle.
XVIII, 3.......	Latin 12598.	Vies de saints................	Onciale et minuscule du VIIIe siècle.
XVIII, 4.......	Latin 12254.	Saint Grégoire................	Minuscule du VIIIe siècle.
XIX, 1-4......	Latin 10837.	Martyrologe d'Epternach.........	Minuscule et cursive saxonnes de la première moitié du VIIIe siècle.
XIX, 5-7......	Latin 4403 A.	Bréviaire d'Alaric.............	Cursive de la première moitié du IXe siècle.
XIX, 8........	Latin 9389..	Souscription des évangiles d'Epternach.	Minuscule saxonne du VIIIe ou IXe siècle.
XIX, 9........	Latin 4884..	Chronique....................	Onciale du VIIIe siècle.
XIX, 10.......	Latin 4403 A.	Bréviaire d'Alaric.............	Onciale et minuscule de la première moitié du IXe siècle.
XX, 1, 2 et 4 [1].	Nouv. acq. lat. 1[illegible]3.	Évangéliaire de Charlemagne.....	Capitale, onciale et minuscule de l'année 781.
XX, 3, 5 [2] et 6.	Latin......	Première bible de Charles le Chauve.	Capitale, onciale et minuscule du IXe siècle.
XXI, 1........	Latin 13159.	Psautier.....................	Semi-onciale des dernières années du VIIIe siècle.
XXI, 2........	Latin 17371.	Saint Jérôme.................	Capitale et minuscule du temps de Charlemagne.
XXI, 3........	Latin 9380..	Bible de Théodulfe............	Onciale et minuscule de la fin du VIIIe ou du commencement du IXe siècle.
XXI, 4........	Latin 1451..	Collection canonique...........	Minuscule de l'année 796.
XXII, 1 et 2....	Latin 11710.	Collection canonique...........	Capitale et minuscule du commencement du IXe siècle.
XXII, 3.......	Latin 2796..	Règles de comput..............	Minuscule de l'année 813 ou environ.
XXII, 4.......	Latin 12832.	Polyptyque d'Irminon...........	Onciale et minuscule du commencement du IXe siècle.
XXII, 5.......	Latin 8850..	Évangiles de saint Médard.......	Onciale du commencement du IXe siècle.
XXIII, 1.......	Latin 152...	Saint Jérôme.................	Minuscule du temps de Charlemagne.
XXIII, 2.......	Latin 17416.	Saint Fulgence................	Onciale et minuscule du commencement du IXe siècle.
XXIII, 3.......	Latin 3837..	Collection canonique...........	Onciale et minuscule du commencement du IXe siècle.
XXIII, 4.......	Latin 7530..	Traités de grammaire...........	Minuscule italienne du commencement du IXe siècle.
XXIII, 5.......	Latin 2109..	Fragment de Térence...........	Capitale du commencement du IXe siècle.
XXIII, 6.......	Latin 2109..	Eugyppius....................	Minuscule du commencement du IXe siècle.
XXIV, 1-7.....	Latin 11504 et 11505.	Bible.......................	Onciale et minuscule de l'année 822.
XXV, 1 et 2....	Latin 3.....	Bible.......................	Onciale et minuscule d'environ l'année 825.
XXV, 3........	Latin 4413..	Bréviaire d'Alaric.............	Minuscule de l'année 833.
XXV, 4........	Latin 9517..	Saint Clément................	Minuscule du temps de Louis le Débonnaire.

[1] Le fragment reproduit sous le n° 4 de la planche XX est celui auquel se rapporte l'explication donnée sous le n° 5 dans le tome II du *Cabinet des manuscrits*, p. 239.

[2] Au fragment reproduit sous le n° 5 de la planche XX se rapporte l'explication donnée sous le n° 4 dans le tome II du *Cabinet des manuscrits*, p. 234.

NUMÉROS DES PLANCHES.	COTES des MANUSCRITS.	SUJET DES MANUSCRITS.	CARACTÈRE ET DATE DES ÉCRITURES.
XXV, 5........	Latin 266...	Évangiles de Lothaire..........	Minuscule du milieu du IXe siècle.
XXVI, 1 et 2....	Latin 13373.	Traités d'Alcuin et autres pièces...	Minuscule de la première moitié du IXe siècle.
XXVI, 3.......	Latin 2341..	Smaragdus..................	Onciale et minuscule d'environ l'année 840.
XXVI, 4.......	Latin 5543..	Règles de comput.............	Minuscule d'environ l'année 847.
XXVI, 5.......	Latin 266...	Évangiles de Lothaire..........	Capitale du milieu du IXe siècle.
XXVI, 6.......	Latin 1866..	Saint Jérôme................	Capitale et minuscule du milieu du IXe siècle.
XXVII, 1......	Latin 11738.	Eusèbe.....................	Minuscule d'environ l'année 840.
XXVII, 2......	Latin 12050.	Sacramentaire de Corbie........	Onciale et minuscule de l'année 853.
XXVII, 3......	Latin 1862..	Alcuin......................	Onciale et minuscule du milieu du IXe siècle.
XXVII, 4......	Latin 528...	Vers de Pierre de Pise..........	Onciale et minuscule de la première moitié du IXe siècle.
XXVIII, 1, 4 et 5.	Latin 2.....	Seconde bible de Charles le Chauve.	Capitale, onciale et minuscule du milieu du IXe siècle.
XXVIII, 2 et 3..	Latin 2832..	Poésies de Wandalbert et d'autres..	Capitale et minuscule du milieu du IXe siècle.
XXVIII, 6......	Latin 15533.	Bible......................	Minuscule du milieu du IXe siècle.
XXIX, 1.......	Latin 9428..	Sacramentaire de Metz..........	Onciale et minuscule du milieu du IXe siècle.
XXIX, 2.......	Latin 13359.	Saint Augustin...............	Onciale et minuscule d'environ l'année 880.
XXIX, 3.......	Latin 13160.	Psautier en notes tironiennes......	IXe siècle.
XXIX, 4.......	Latin 3.....	Polyptyque de Saint-Maur........	Minuscule de la seconde moitié du IXe siècle.
XXX, 1.......	Latin 9768..	Histoire de Nithard............	Minuscule du Xe siècle.
XXX, 2-4......	Latin 2291..	Sacramentaire de Saint-Denis.....	Onciale et minuscule du commencement du Xe siècle.
XXX, 5........	Latin 943...	Pontifical anglo-saxon..........	Minuscule anglo-saxonne du Xe siècle.
XXX, 6........	Latin 2113..	Morceaux des Pères de l'Église.....	Minuscule d'environ l'année 988.
XXXI, 1.......	Latin 1863..	Saint Jérôme................	Minuscule de la fin du IXe siècle ou du commencement du Xe.
XXXI, 2.......	Latin 2812..	Sacramentaire d'Arles..........	Onciale et minuscule de la fin du IXe siècle.
XXXI, 3.......	Latin 1240..	Tropaire de Saint-Martial........	Minuscule d'environ l'année 930.
XXXI, 4.......	Latin 2855..	Saint Hildephonse.............	Minuscule wisigothique de l'année 951.
XXXI, 5.......	Latin 12052.	Sacramentaire de Corbie........	Minuscule de la seconde moitié du Xe siècle.
XXXII, 1 et 2...	Latin 15392.	Collection canonique...........	Capitale et minuscule de l'année 1009.
XXXII, 3......	Latin 5294..	Vies de saints................	Minuscule de la première moitié du XIe siècle.
XXXII, 4......	Latin 12219.	Saint Augustin...............	Minuscule d'environ l'année 1030.
XXXII, 5......	Latin 17333.	Sacramentaire de Nevers.........	Capitale et minuscule de la première moitié du XIe siècle.
XXXIII, 1 et 2..	Latin 11751.	Vie de saint Martin............	Capitale et minuscule du milieu du XIe siècle.
XXXIII, 3 et 4..	Latin 12117.	Compilation faite à Saint-Germain-des-Prés.	Minuscule du milieu du XIe siècle.

NUMÉROS DES PLANCHES.	COTES des MANUSCRITS.	SUJET DES MANUSCRITS.	CARACTÈRE ET DATE DES ÉCRITURES.
XXXIII, 5......	Latin 8851..	Évangiles....................	Onciale et minuscule du commencement du XIe siècle.
XXXIII, 6......	Latin 8878..	Commentaires sur l'Apocalypse....	Minuscule du milieu du XIe siècle.
XXXIV, 1......	Latin 5253..	Martyrologe d'Auxerre..........	Minuscule du milieu du XIe siècle.
XXXIV, 2 et 3...	Latin 3786..	Homélies....................	Onciale et minuscule de l'année 1058.
XXXIV, 4	Latin 13758.	Vie de saint Maurille...........	Minuscule d'environ l'année 1070.
XXXIV, 5 et 6...	Latin 1991..	Saint Augustin................	Capitale et minuscule de la fin du XIe siècle.
XXXV, 1.......	Latin 2208..	Saint Grégoire................	Fin du XIe ou commencement du XIIe siècle [1].
XXXV, 2.......	Latin 1873..	Saint Jérôme.................	Année 1114.
XXXV, 3 et 4...	Latin 5092..	Anastase le Bibliothécaire........	Première moitié du XIIe siècle.
XXXV, 5.......	Latin 14471.	Saint Jérôme.................	Vers l'année 1130.
XXXV, 6.......	Latin 2092..	Saint Augustin................	Première moitié du XIIe siècle.
XXXVI, 1......	Latin 12055.	Missel de Cologne.............	Année 1133.
XXXVI, 2......	Latin 10913.	Orderic Vital.................	Année 1136 ou 1137.
XXXVI, 3-5....	Latin 14314.	Canons d'Isidore..............	Vers l'année 1140.
XXXVI, 6......	Latin 3790..	Homélies....................	Année 1138.
XXXVI, 7......	Latin 17545.	Chronique de Sigebert..........	Vers l'année 1140.
XXXVII, 1.....	Latin 12072.	Missel de Saint-Maur...........	Milieu du XIIe siècle.
XXXVII, 2.....	Latin 3858..	Collection de canons...........	Milieu du XIIe siècle.
XXXVII, 3 et 4..	Latin 11576.	Commentaires sur saint Paul.....	Année 1164.
XXXVII, 5 et 6..	Latin 9688..	Valère Maxime................	Année 1167.
XXXVIII, 1.....	Latin 16729.	Robert de Tuit................	Année 1182.
XXXVIII, 2-4...	Latin 16943.	Pierre le Mangeur.............	Année 1183.
XXXVIII, 5 et 6.	Latin 8898..	Cérémonial de Soissons.........	Vers l'année 1185.
XXXIX, 1......	Français 24768.	Sermons de saint Bernard.......	Commencement du XIIIe siècle.
XXXIX, 2......	Latin 5526..	Cartulaire de l'évêché de Paris.....	Commencement du XIIIe siècle.
XXXIX, 3......	Latin 12833.	Règle de Saint-Germain-des-Prés..	Commencement du XIIIe siècle.
XXXIX, 4......	Latin 15239.	Saint Paul, glosé..............	Année 1239.
XXXIX, 5 et 6...	Latin 1020..	Bréviaire d'Orléans............	Vers l'année 1230.
XL, 1 et 2.....	Latin 14397.	Bible de la reine Blanche.........	Première moitié du XIIIe siècle.
XL, 3.........	Latin 9778..	Copie du Registre de Philippe-Auguste.	Année 1247.

[1] A partir du XIIe siècle, il a paru superflu d'indiquer le genre des écritures. A peu près sans exception, tous les exemples reproduits sur les planches XXXV-L sont en minuscule.

NUMÉROS DES PLANCHES.	COTES des MANUSCRITS.	SUJET DES MANUSCRITS.	CARACTÈRE ET DATE DES ÉCRITURES.
XL, 4	Latin 9778.	Addition au Registre de Philippe-Auguste.	Année 1249.
XL, 5	Français 5700.	Chronique dédiée à Alfonse, comte de Poitiers.	Milieu du XIIIe siècle.
XL, 6	Latin 16334.	Table de saint Augustin	Année 1256.
XL, 7	Latin 16357.	Pierre Damien	Milieu du XIIIe siècle.
XLI, 1	Latin 11063.	Cartulaire de Saint-Jean-en-Vallée.	Année 1260.
XLI, 2	Latin 16200.	L'Almageste	Année 1263.
XLI, 3	Latin 11728.	Vincent de Beauvais	Année 1267.
XLI, 4	Latin 10016.	Chronique de Richer de Senones	Vers l'année 1262.
XLI, 5	Latin 15947.	Sermons d'Eudes, évêque de Tusculum.	Milieu du XIIIe siècle.
XLI, 6	Latin 15467.	Bible	Année 1270.
XLI, 7	Latin 12834.	Obituaire de Saint-Germain-des-Prés.	Seconde moitié du XIIIe siècle.
XLI, 8	Latin 5592.	Constitutions des dominicains	Année 1273.
XLII, 1	Latin 17737.	Cartulaire des chapellenies de la cathédrale d'Arras.	Année 1282.
XLII, 2	Latin 14596.	Sermons	Année 1282.
XLII, 3	Latin 17551.	Chronique d'Adam, évêque de Clermont.	Année 1283.
XLII, 4	Français 938.	La Somme le roi	Année 1294.
XLII, 5	Français 412.	Recueil hagiographique	Année 1285.
XLII, 6	Latin 16678.	Dictionnaire d'Ugutio	Année 1298.
XLIII, 1 et 2	Latin 11796.	Procès des Templiers	Année 1310.
XLIII, 3 et 4	Latin 8504.	Dina et Kalila	Année 1313.
XLIII, 5	Latin 13836.	Compilation de Gilles de Pontoise.	Année 1317.
XLIII, 6	Latin 5389.	Légende dorée	Année 1316.
XLIV, 1	Français 2090.	Compilation de Gilles de Pontoise.	Année 1317.
XLIV, 2 et 3	Français 10132.	Grandes chroniques de France	Année 1318.
XLIV, 4	Latin 11935.	Bible	Année 1327.
XLIV, 5	Français 22495.	Guillaume de Tyr en français	Année 1331.
XLIV, 6	Latin 12649.	Constitutions de Benoît XII	Année 1337.
XLV, 1	Français 67.	Souscription de Jean, depuis roi de France.	Vers l'année 1345.
XLV, 2	Français 1064.	Signature de Charles V	Vers l'année 1360.
XLV, 3	Français 10135.	Signature de Charles VI (?)	Vers l'année 1385 (?).
XLV, 4 et 5	Français 1950.	L'Information des rois	Année 1379.
XLV, 6 et 8	Français 5707.	Bible en français	Année 1363.

NUMÉROS DES PLANCHES.	COTES des MANUSCRITS.	SUJET DES MANUSCRITS.	CARACTÈRE ET DATE DES ÉCRITURES.
XLV, 7	Français 5707.	Souscription de Charles V	Vers l'année 1370.
XLV, 9 et 11	Français 437.	Souscription de Charles V	Année 1374.
XLV, 10	Français 437.	Le Rational, en français	Vers l'année 1374.
XLV, 12	Français 2813.	Grandes chroniques de France	Vers l'année 1379.
XLVI, 1	Latin 14279.	Bréviaire de Saint-Victor	Année 1392.
XLVI, 2	Français 823.	Pèlerinages de Guillaume de Digulleville.	Année 1393.
XLVI, 3	Français 9106.	Traduction d'Aristote par Nicole Oresme.	Vers l'année 1397.
XLVI, 4	Français 9106.	Souscription de Jean, duc de Berry.	Vers l'année 1405.
XLVI, 5 et 6	Français 312.	Le Miroir historial, en français	Année 1396.
XLVII, 1	Français 1023.	Note de Jean Flamel	Vers l'année 1410.
XLVII, 2	Français 11496.	Inventaire des livres du duc de Berry.	Année 1402.
XLVIII	Français 9430.	Inventaire de la librairie du Louvre.	Année 1413.
XLIX, 1	Français 926.	Sermon de Jean de Gerson	Année 1405.
XLIX, 2	Français 24246.	Hippocrate et Galien en français	Année 1430.
XLIX, 3	Français 964.	Sommaire des psaumes	Année 1415.
XLIX, 4	Latin 11230.	Traité des poisons	Première moitié du xve siècle.
XLIX, 5	Latin 3593.	Traités de dévotion	Année 1443.
XLIX, 6 et 7	Français 1802.	Souscriptions de Charles, duc d'Orléans, et de Jean, comte d'Angoulême.	Milieu du xve siècle.
XLIX, 8 et 9	Latin 6868.	Notes de Jean Cailleau et de Charles, duc d'Orléans.	Milieu du xve siècle.
L, 1	Latin 5769.	Commentaires de César	Année 1461.
L, 2	Français 175.	Note de Jacques, duc de Nemours.	Vers l'année 1470.
L, 3	Français 17088.	Doctrinal des simples gens	Année 1474.
L, 4	Français 5868.	Signature de Charles VIII	Vers l'année 1490.
L, 5	Latin 5785.	Appien	Vers l'année 1470.
L, 6	Français 5054.	Chiffre de Charles VIII	Vers l'année 1490.
L, 7	Français 1154.	Le Débat de félicité	Vers l'année 1475.
L, 8	Français 2252.	Le Pommier de douleur	Année 1481.
Chromolithographie	Français 22912.	Frontispice de la Cité de Dieu	Vers l'année 1375.

LISTE DES MANUSCRITS AUXQUELS SONT EMPRUNTÉS LES EXEMPLES.

Grec 107. II, 1-9, 11-15.
Latin 1. XX, 3, 5, 6.
2. XXVIII, 1, 4, 5.
3. XXV, 1, 2; XXIX, 4.
152. XXIII, 1.
256. XI, 1-6.
266. XXV, 5; XXVI, 5.
281. X, 1, 2.
528. XXVII, 4.
943. XXX, 5.
1020. XXXIX, 5, 6.
1240. XXXI, 3.
1451. XXI, 4.
1820. XVI, 1.
1862. XXVII, 3.
1863. XXXI, 1.
1866. XXVI, 6.
1873. XXXV, 2.
1991. XXXIV, 5, 6.
2092. XXXV, 6.
2109. XXIII, 5, 6.
2110. XII, 3.
2113. XXX, 6.
2208. XXXV, 1.
2291. XXX, 2-4.
2341. XXVI, 3.
2630. V, 1-5.
2739. XIV, 6.
2796. XXII, 3.
2812. XXXI, 2.
2832. XXVIII, 2, 3.
2855. XXXI, 4.
3593. XLIX, 5.
3786. XXXIV, 2, 3.
3790. XXXVI, 6.
3837. XXIII, 3.
3853. XXXVII, 2.
4403 A. XIX, 5-7, 10.
4413. XXV, 3.
4884. XIX, 9.
5092. XXXV, 3, 4.
5253. XXXIV, 1.
5294. XXXII, 3.
5389. XLIII, 6.
5526. XXXIX, 2.
5543. XXVI, 4.
5592. XLI, 8.

Latin 5730. VI, 3.
5769. L, 1.
5785. L, 5.
6868. XLIX, 8, 9.
7530. XXIII, 4.
8084. I, 1, 3; II, 16.
8504. XLIII, 3, 4.
8850. XXII, 5.
8851. XXXIII, 5.
8878. XXXIII, 6.
8898. XXXVIII, 5, 6.
8907. VIII, 1-3.
8913. XV, 1-3.
9380. XXI, 3.
9383. I, 4.
9389. XIX, 8.
9427. XIV, 1-5.
9428. XXIX, 1.
9451. IX, 5.
9517. XXV, 4.
9550. XVI, 3-6.
9643. VII, 1.
9688. XXXVII, 5, 6.
9768. XXX, 1.
9778. XL, 3, 4.
10818. IX, 8.
10592. VI, 2.
10756. XV, 5; XVII, 2.
10837. XIX, 1-4.
10910. XIII, 1, 3-5.
10913. XXXVI, 2.
11016. XLI, 4.
11063. XLI, 1.
11230. XLIX, 4.
11326. IX, 6, 7.
11504. XXIV, 5-7.
11505. XXIV, 1-4.
11533. XXVIII, 6.
11576. XXXVII, 3, 4.
11641. VII, 2.
11710. XXII, 1, 2.
11728. XLI, 3.
11738. XXVII, 1.
11751. XXXIII, 1, 2.
11796. XLIII, 1, 2.
11935. XLIV, 4.
11947. VII, 3.

Latin 11955. I, 2.
12048. XIV, 8.
12050. XXVII, 2.
12052. XXXI, 5.
12055. XXXVI, 1.
12072. XXXVII, 1.
12097. III, 1-3; IV, 1-3.
12117. XXXIII, 3, 4.
12161. XV, 4.
12190. I, 5, 7, 8.
12205. I, 6.
12214. VI, 1, 4-16.
12219. XXXII, 4.
12239. XVII, 1.
12254. XVIII, 4.
12598. XVIII, 3.
12634. VIII, 4.
12649. XLIV, 6.
12832. XXII, 4.
12833. XXXIX, 3.
12834. XLI, 7.
13047. XVIII, 1, 2.
13159. XXI, 1.
13160. XXIX, 3.
13246. XV, 6, 7; XVII, 6.
13347. XIII, 2.
13348. XIII, 6-7.
13349. XVI, 2.
13359. XXIX, 2.
13367. IX, 1-4.
13368. IV, 4, 5.
13373. XXVI, 1, 2.
13758. XXXIV, 4.
13836. XLIII, 5.
14086. XVII, 3-5.
14279. XLVI, 1.
14314. XXXVI, 3-5.
14397. XL, 1, 2.
14471. XXXV, 5.
14596. XLII, 2.
15239. XXXIX, 4.
15392. XXXII, 1, 2.
15467. XLI, 6.
15947. XLI, 5.
16200. XLI, 2.
16334. XL, 6.
16357. XL, 7.

Latin 16678. XLII, 6.
16729. XXXVIII, 1.
16943. XXXVIII, 2-4.
17226. II, 10.
17333. XXXII, 5.
17371. XXI, 2.
17416. XXIII, 2.
17545. XXXVI, 7.
17551. XLII, 3.
17654. XII, 1.
17655. XII, 2.
17737. XLII, 1.
18282. XIV, 7.
18315. XI, 7.
Latin (nouv. acq.) 1093. XX, 1, 2, 4.

Français 67. XLV, 1.
175. L, 2.
312. XLVI, 5, 6.
412. XLII, 5.
437. XLV, 9-11.
823. XLVI, 2.
926. XLIX, 1.
938. XLII, 4.
964. XLIX, 3.
1023. XLVII, 1.
1064. XLV, 2.
1154. L, 7.
1802. XLIX, 6, 7.
1950. XLV, 4, 5.
2090. XLIV, 1.
2252. L, 8.

Français 2813. XLV, 12.
5054. L, 6.
5700. XL, 5.
5707. XLV, 6-8.
5868. L, 4.
9106. XLVI, 3, 4.
9430. XLVIII.
10132. XLIV, 2, 3.
10135. XLV, 3.
11496. XLVII, 2.
17088. L, 3.
22495. XLIV, 5.
22912. Chromolithographie.
24246. XLIX, 2.
24768. XXXIX, 1.

PLANCHES

1 INFESTADISSERTANTIBUS
IDCIRCOMUNDISTULTADELIGITDEUS
UTCONCIDANTSOPHISTICA
DEQUEINBICILLISSUBIUGAUITFORTIA
SIMPLEXUTESSETCREDERE
LAPISECCENOSTROFIXUSOFFENSACULOEST
INPINGATINQUEMUANITAS

2. ALIAMPARABOLAMAUDITE·HOMOERATPATERFAMILIASQUI
PLANTAUITUINEAM·ETSAEPEMCIRCUMDEDITEI·ETFODIT

3. metrum iam
bicum et est
primus uer
sus trimeter
secundus di
meter aca
talectus

4. ADPROPINQUABATAUTEMDIESFESTUSAZYMORUMQUIDICITUR
PASCHA· ETQUAEREBANTPRINCIPESSACERDOTUMETSCRIBAE
QUOMODOEUMINTERFICERENT·TIMEBANTUEROPLEBEM·
INTRAUITAUTEMSATANASINIUDAMQUICOGNOMINABATUR
SCARIOTH·UNUMDEDUODECIM·

5. liber eius

7. quaq qua
dragenare
generatio
nis secundum
iproximum
ubi nunc
[illegible]
[illegible]
quattuor
decim
dupli
cet

6. xlvii dedisciplinapsallendi
xlviii dereuerentiaorationis
xlviiii deuigiliismonasterii

8. SCRIBTUESTFORMAUITEATINMULIERE,ET
ILLUDINLIBRONUMERORUUBIIUBENTURCUS
TODIREMULIERESQUENESCIERUNTCUBILE

1. NONENIMERUBESCO
EUANGELIUM
UIRTUSENIMDEI·ESTINSALUTEM
OMNICREDENTI
IUDAEOPRIMUMATQUEGRAECO
IUSTITIAENIMDEI·INEO
REUELATUR
EXFIDEINFIDEM ,
SICUTSCRIPTUMEST

2. igitur per illum iurabor, nequaquam,

3. admonitione ut

4. filiorum

5. concupiscentiam ut

6. mirabilibus ut

7. misericordiam consecuta

8. iustitia

9. non tantum coram deo sed etiam

10. hUNCREGNARESU
PERNOS· ETFACTU
ESTUTREDIRETAC
CEPTOREGNO· ET
IUSSITUOCARISER
UOSQUIBUSDEDIT
PECUNIAMUTSCI
RETQUANTUMQUIS
QUENEGOTIATUS

11. in dedicatione

12. ministra

13. placuit omnibus

14. atque ubi eam

15. salutem uero omnibus audientibus Christi.

16. + ...tius episcopius basilius

1. tatis suae merito in suis prouinciis a sacerdotibus ceteris deferatur.
Dilectissimis fratribus Leontio Cierano
Uicturo epis Hilarius papa. Mouimur
ratione iustitiae quae dicet ab omnibus qui
n ecta rap... debeat custodiri tum prae-
cipue dominis sacerdotibus non est time

2. IN DĪ NOM. RUFUS EPS. ECC. OCTORINSIU CONSI ET SUB.
GALLUS IN XPI NOM. EPS ARUERNE ECC. CONSI ET SUB.
SAFFARACUS IN XPI NM. EPS ECC. PARISIACÆ SUBSI.
DOMITIANUS EPS ECC. TUNGRINSIS SUBSI.
ELEUTHERIUS IN XPI N. EPS ECC. AUTISIODORENSIS SUB.

3. Sapaudus abb. directus a Balbino epo
ecc. Andicauensis subsi.

[illegible] Delisle dir.t L. Bénard scr. — Imp. Auguste Bry à Paris

ECRITURES DU VIe SIÈCLE.

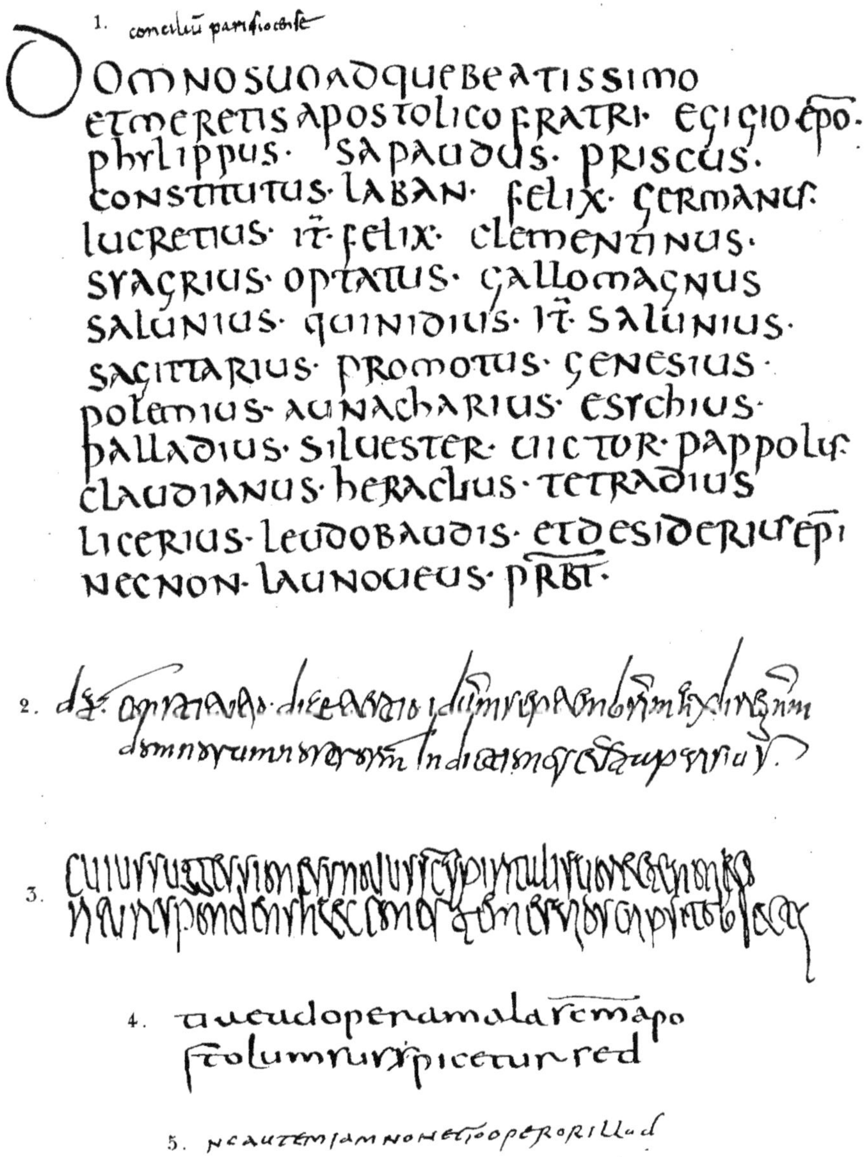

1. concilium parisiacense

Domno suo adque beatissimo
et meretis apostolico fratri Egigio epo.
Phylippus. Sapaudus. Priscus.
Constitutus. Laban. Felix. Germanus.
Lucretius. it. Felix. Clementinus.
Syagrius. Optatus. Gallomagnus
Salunius. Quinidius. it. Salunius.
Sagittarius. Promotus. Genesius.
Polemius. Aunacharius. Esychius.
Palladius. Silvester. Victor. Pappolus.
Claudianus. Heraclius. Tetradius
Licerius. Leudobaudis. et Desiderius epi
necnon Launoveus. prbt.

2.

3.

4. ta ueudo penam ala rem apo
stolum uir spicetur red

5. nc autem iam non ego operor illud

1. ADSCRIBEINFIRMITATĒ
SIIBINECESSITASESTET
NATURASIIBIUISESTET
DIFFIDENTIAETDEDEC'S
SINAUTEMHAECECON
TRARIOINSACRAMEN
TOPASSIONESPRAEDI
CANTURQUISROGOFU
RORESTREPUDIATADOC
TRINAEAPOSTOLICAESI

2. Iste liber est sti dyon

3.

4. ·II· xlvij

5.

1. quemadmodum hoc
fuerit tanto ante pro
phetatum ne forte
cum legeretur in nos
tris a nobis putaretur
esse confictum iam
quod sequitur in uo
lumine sequendi ui
dendum est et hic dan
dus huius prolixitatis
modus

AURL AUG EPI
ADUERSUM PAGANOS
DECIUITATE DI FINIT LIB IIII
INC LIB QUINTUS
AMEN

2. EIUS NON POTEST DISCI
PULUS MEUS ESSE
VIII INSISTENDUM ESSE ET PER
SEUERANDUM IN FIDE
ET UIRTUTE ET CAELESTIS

3. NIO PRIORIS ANNI CON
SULEM DUABUS ACATI
LIO PRAETORE ACCEPTIS
ET IN ETRURIAM PERAP
PENNINUM TRAMITES
EXERCITUS DUCI EST COEP
TUS

4.

5.

6.

7.

8.

9.

10. nympha
egeriam
a baqua
egessa

11.

12.

13. qui ex cor
pore ignani
mo

14.

15. hoc non sicut corpori uel sicut ipso animus
aut sicut amico amicus sed

16. etiam carni uitum praebet et sen
sum uniuersali oport hoc munas hoc

1. XXXV·DEPRIVILEGIISEORUMQUIINSACROPALATIO
MILITARUNT
IMP·CONSTANTINUS Ā·PALATINIS BENEMERITIS SUIS SA
LUTEM A PALATINIS TAM IN HIS QUI OBSEQUIIS NOSTRIS
INCULPATA OFFICIA PRAEBUERUNT QUAM ILLIS QUI IN
SCRINIIS NOSTRIS ID EST MEMORIAE EPISTULARUM LIBEL

2. INCP AUG AD PAULINUM ET THERASIA
DOMINIS LAUDABILIBUS
IN XPO SCISSIMIS FRATRIBUS PAU
LINO ET THERASIAE AUGUST IN DNO SALUTE

3. ETEXALTENTEUMINCAELES
TIAPOPULI
ETINCATHEDRASENIORUM
LAUDENTEUM

Léop. Delisle dir.t J. Benard sc.t

ÉCRITURES DU VIE SIÈCLE.

Imp. Auguste Bry, à Paris

1. UNITATEMQUIAFILIODI
DODEPUTARIADALTERUM
DNMNONSINITPROFE
TAQUODINEST

EMENDAUI

LIBER QUARTUS

EXPLICIT INCIPIT

LIBER QUINTUS

FELICITER

2. Infideiprofessio
neuidirethinquo
potuirtisecundu
scribturareorco
uincereutcum
conciliarolenit
plurimisdiebr
protrahiuiper
adnidaummoni
tuminteruenii
entecorrectio
nenullarubripi
rticalicorrenitu
lerurubrecedat
turinecunctabm
dudeliberatione
intraunamora
iudicandorpu
tarerquorum
longeuoridem
queyquantumhu
manaecapitie
tiueinterertiu

3. TERCETERADIUINAE
COGNITIONISPRAECEPTA
ADEPHESIOSESTLOCUTUS

4. TIABOADUERSUSMEINIUSTITIAS
MEASDÑO ETTUREMISISTIIMPIE
TATEMCORDISMEI DEINDESEX
TUMHUMILITATISGRADUUM IN
SCALACAELIASCENDITDISCIPULUS

1. consideratequiduobisutilerit? obtouobisetmihipacemessecumpopuloroma
no? sirecuratisipsiuobisempitisimeamsocietatem? autcumuniuersi[s] ... neme
periculum? haec dicens inlacrimauit. explic ... ad populum ...

2. 9
de
alg
undi
n ...
tur
l.

3. nuptias
antiquorum
patrum
...
...
...
l

4. expl. liber. beati augustini
de opere monachorum.

5. Lectio oseae prophete.
Haec dicit dns ds in
tribulatione sua ma
ne consurgunt ad me; ue
nite et reuertamur ad dnm
quia ipse coepit et sanauit
nos; percutiet et curauit
nos; uiuificauit nos post
duos dies; in die tertia s

6. IMPERIAEI FASCES INDUCTI MUNERA UULGI
QUASQ. ORBIS SCELERUM SEMINA FECIT OPES
CALCARUNT SCA CAELUM AMBITIONE PETENTES

7. lxxv DE UIRGINITATE
lxxvi DE MODO HABENDI
lxxvii DE DIFFERENTIA DIUITIARUM
lxxviii DE UERA BONITATE

8. POST TOT REPLETA BUTA
ET FUNERUM CATEBAS
HAC DISPARES MARITOS
ROGOS AQUOS PERECIT

Léop. Delisle dir.t — L. Bénard scr.t

ECRITURES DU VIE AU VIIIE SIÈCLE

Imp. Auguste Bry à Paris

1. MATTHEUS EX IUDAEA SICUT IN ORDINE PRIMUS PO
NITUR · ITA EVANGELIUM IN IUDAEA PRIMUS SCRIPSIT CUIUS VOCATIO
AD DM · EX PUBLICANIS ACTIBUS FUIT · DUORUM IN GENERATIONE XPI
PRINCIPIA PRAESUMENS · UNIUS CUIUS PRIMA CIRCUMCISIO IN CAR
NE ALTERIUS CUIUS SECUNDUM COR ELECTIO FUIT · ET EX UTRISQ · IN PA

2. ET ABEUNTES INUENERUNT PULLUM
LIGATUM ANTE IANUAM FORIS IN BIUIO
ET SOLUUNT EUM ET QUIDAM DE ILLIC
STANTIBUS DICEBANT ILLIS QUID FA
CITIS SOLUENTES PULLUM QUI DIXE
RUNT EIS SICUT PRAECIPERAT ILLIS IHS

1. Cum autem uadis cum
aduersario tuo ad
principem in uia da
operam liberari ab illo;
ne forte tradat te
ad iudicem et iu
dex tradat te exac
tori et exactor mit
tat te in carcerem

2. At illi tenentes ihm
duxerunt ad ca
iphan principe
sacer dotum ubi
scribae et senio
res conuenerant;
Petrus autem
sequebatur eu
a longe usq: in

7. Locum in quam dns inclitum
suum de laboribus huius mun
di in caelesti quiete perdu
cere uoluit; Quadam et ip

ÉCRITURES DU VIIE AU VIIIE SIÈCLE.

1 ...condolens. Sed dolo dicebat si forte potuis
set adhuc aliquem reperire ut interficeret
XLIII His ita transactis apud Parisius obiit
Saepultusque in basilicam scorum a
postulorum. quam cum Chrodechildae re
gina ipse construxerat. Migravit autem

2 [illegible]
[illegible]
[illegible]
[illegible]
[illegible]
[illegible] ad bellum. [illegible]
[illegible]

3 II. Secundū praeceptū, non accipies nomen dn̄i dī tui in vanū.
qui enī accipit nomen dn̄i dī sui in vanū non mundabitur.
nomen dn̄i dī nostri ihū xp̄i veritas est. Ipse enī dixit ego sū
veritas; veritas ergo mundat. vanitas inquinat; et quō
qui loquitur veritatē de dolo loquitur qui enī loquitur

1 CUM ALIQUID UNIUS VERBI
PROPRIETATE NON HABEO QUOD PROFERAM NISI PRESTITUM
ABALTISSIMO FUERIT ET DUM QUOMPLERE SENTENCIAM
LONGO AMBIATU UIX BREUIS UIAE SPATIUM CONSUMMO
UERNACULUM LINGUAE HUIUS UERBI INTERPRETATUR AB
SORDE RESONAT SI OB NECESSITATE ALIQUID IN ORDINE SER
MONE MUTAUERO AB INTERPRETIS UIDEOR OFFICIO RECES

2 [illegible]

3 [illegible]

6 [illegible]

4 [illegible]

5 [illegible]

7 [illegible]

ECRITURES DU VIIE AU VIIIE SIÈCLE.

1

LEC AD SEXTA IN PARASCEUEN

6 EXCARPSUM EX LIBRO SCI HIERONIMI PRB
IN EXPLANATIONE ESAIAE PROPHETAE

2

3 EST

4 DNS

5

7 Summa namque malorum nobis adfuit om
nium, tunc cum domus orationis & ecclesiae
di uiui ad solum deducte sunt atque ab ipsis sub
uersae sunt fundamentis, diuinae uero scripturae

8

1

4

2

3

5 CARTA CONMUTATIONIS

6 deprecimur utinter
cessiones sci atbeatissi
mi antestitis tui mar
tini cuius hodierna die
officiu comemoracio
nis inpendimus eius

7

Léop. Delisle dir.t L. Bénard sc.t

Imp. Auguste Bry, à Paris

ECRITURES DU VIe AU VIIIe SIÈCLE.

1

2

3 UESTRI UULTIS FACERE ILLE HOMICIDA ERAT
AB INITIO ET IN UERITATE NON STETIT QUIA NON
EST UERITAS IN EO CUM LOQUITUR MENDACIU-
HIC SUBAUDIENDUM EST UNUSQUISQUE UESTRU-

4

5

6

Benard sc. — Imp. Auguste Bry à Paris

ECRITURES DU VIIIE SIÈCLE.

1 Non veniat mihi pes sup
bie et manus peccatori
non moveat me.

2

3 Nihil mihi te dulcius
Tu mihi super aurum ea placet.

CAPL DICTA SCI ESIDORI

Qui legis ora pro scriptorem
Si deum mihi xpm habeat adiutorem

4 VIII kl mar cathedra sci petri apostli
kl mar deps sci albini epi
V idus mar deps sci atalae abbtis

5 Epistola sci iohannis de generatione

6 Et pater et filius et spr sanctus

1

2

3

4

Léop. Delisle dir.t — L. Bénard sc.t

Imp. Auguste Bry, à Paris.

ECRITURES DU VIIIE AU IXE SIÈCLE.

Léop. Delisle del.t L. Benard sc.t

Imp. Auguste Bry, à Paris

ECRITURES DU VIII

1 Satis est. Et egr
essus ibat secundum
consuetudinem in
montem oliuarum
Sequuti sunt autē
illum et discipuli
Et cum peruenisset

2 Aurea purpureis pin
guntur grammata scedis
Regna poli roseo pate scen
guine facta tonantis;
Fulgida stelligeri promunt
& gaudia caeli;
Eloquiumq; dī digno ful
gore choruscans;

3 ESTO PATER FRATER MAT̄ SOROR AGNUS UTRINQ;
DEBILIBUS SPES RES GLORIA SUMMA DIES
DILIGE IUSTITIAM CALLIS COMITETUR AMICUS
IUSTITIA TECUM PRIMUS AD OMNE BONŪ

4 IN ISTO
ANNO
FUIT DO
MNUS
REX KA
ROLUS
AD SCM
PETRUM
& BAP
TIZATUS
EST FI
LIUS
EIUS
PIPPI
NUS
A DOM
NO A
POSTO
LICO

5 Audiuit autē athalia uocem currentis populi. Et in
gressa ad turbas in templū dn̄i. uidit regem stantē
super tribunal iuxta morem et cantatores et tubas
prope eum. Omnemq; populū terrae laetantem
et canentem tubis. Et scidit uestimenta sua. Clama
uitq; coniuratio coniuratio. Praecepit autē ioiada

6 mus. quod si quis de curiosis uoluerit
nosse quae in euangeliis uel eadē uel
uicina uel sola sint. eorū distinctio
ne cognoscat. magnus siquidem hic
in nr̄is codicibus error inoleuit.

Imp. Dujardin del. [illegible] sc.

Imp. Auguste Bry à Paris

ECRITURES CARLOVINGIENNES.

1

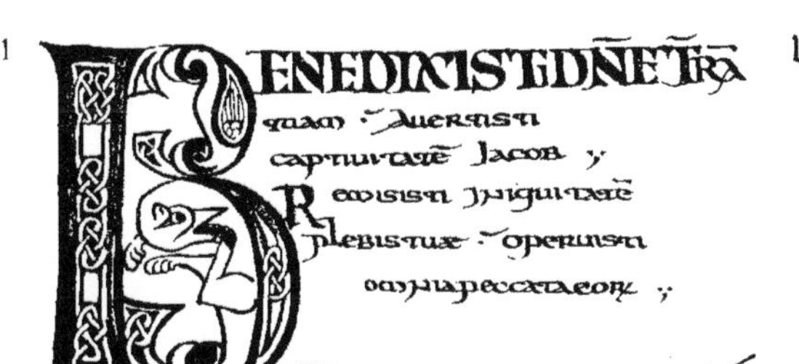
BENEDIXISTI DNE TRA LXXXIIII
TUAM AVERTISTI
CAPTIVITATE JACOB
REMISISTI INIQUITATE
PLEBIS TUAE OPERUISTI
OMNIA PECCATA EORU
MITIGASTI OMNEM IRA TUA
AVERTISTI AB IRA INDIGNATIONIS TUAE
CONVERTE NOS DS SALUTARIS NOST
ET AVERTE IRA TUA A NOBIS

2

EXPLICIT IN HIEREMIA
PROPHETAM COMMENTARI
ORUM LIBER PRIMUS GRA
TIAS AMEN IN NOMINE PATRIS
ET FILII ET SPS SCI
INCIPIT COMMENTARIORUM LIB
SECUN DUS
Secundu frater eusebi in hie
remia libru celeri sermo
ne dictavi ut et ostentui pa
rum faveret ne audiamus
iudiciu sanguinis per imperfectorum

3

gula opuscula respondere ... quam
quod dicit ...
Explicit praefatio hieremiae prophetae
INCPT LIB HIEREMIAE PRPHTE
Verba hieremiae filii helciae de sacerdotibus qui fuerunt
in anathoth in terra beniamin. Quod factum est verbum dni ad eum in
diebus iosiae filii amon regis iuda in tertiodecimo anno regni eius.
Et factum est in diebus ioachim filii iosiae regis iuda usque ad consumma
tionem undecimi anni sedeciae filii iosiae regis iuda usque ad trans
migrationem hierusalem in mense quinto. Et factum est verbum dni
ad me dicens. Priusquam te formarem in utero novi te et antequam
exires de vulva sanctificavi te prophetam in gentibus dedi te. Et dixi
a a a domine ds ecce nescio loqui quia puer ego sum. Et dixit dns ad me
Noli dicere puer ego sum quoniam ad omnia quae mittam te ibis
et universa quaecumque mandavero tibi loqueris. Ne timeas a fa
cie eorum quia tecum ego sum ut eruam te dicit dns. Et misit dns ma
num suam et tetigit os meum. Et dixit dns ad me ecce dedi verba
mea in ore tuo ecce constitui te hodie super gentes et super regna

4

Lugdũ desideratum montem arae.
murici. ante mare. are ante mure
dicitur mare, et dictum ... marini.
arverni ante obsta. rodhanũ vio
lentũ ... dan. iudice.
hoc et gallice. hoc et hebraice dicitur.

ECRITURES DU TEMPS DE CHARLEMAGNE.

1 INEPENSTF
TOETFDES
NIENENELII
SUBDITIS CAPITULIS SUIS
Factae ē au haec syno
dus apud nicheam bithiniae
consulatu constantini
agusti & licini xiii kalenda
rum iuliarum quae ē apud
gregos xviiii dies mensis seoru

2 Facto hunc libro Iohanno
xxxiiii regnante domno
karlo imp
Tu homo dei qui hunc librum
legitis orate pro me indig
num peccatore sed habea
tis dm̄ omp̄t pro tectorem
Deo gratias amen finit.

3 Si vis scire quotus · de ciclo lunari :
annus sit lunaris et cli sume annos ab incarnati
one dni · usq; in p̄sentē annū · verbi gratia · hi. dccc
xiii. subtrahe sēp duos quia quando incarnatio
facta ē duo anni de illo ciclo lunari remanserunt
subtractis ergo duob; remanent dcccxi · hos di
vide p xviiii partē q. ciclus lunaris p xviiii
annos inferevertitur · de dcccxi · dimitte dcc
lx · rem̄ · li · de li · subtrahe xxxviii · rem̄ · xiii ·
ter eidem tertius lunaris anni p̄sentis usq; modo

4 De mansionis villa
quae ē in pago pinciac
Hab& in mansio..bus
mansū dominicatū cū
casa & aliis aedificiis suffi
cienter · hab ibi de vinea veteri
aripennos xl vi de novella quā
domnus irmino plantavit ari
pennos iiij · ubi pos sunt colligi de vino
mod c · De terra dominicata inter
mansiones & cā borciacū hab&
culturas vij & cāpellū i · quae
hab bunr · ccxx · & insulā i · quā

5 Regressi apos
toli ad ihm.
De quinq; panib;
et duob; piscib;
Ihs ambulans
supra mare ve
nit ad discipu
los. De diver
sis languorib;
sanatis et ma
nib; Et quod

ECRITURES DU COMMENCEMENT DU IXe SIÈCLE.

1 non illa quę occidit prophetas quę lapidat missos ad se.
sed hierusalem celestem de qua crebro diximus quę autem
sursum ē hierusalem libera ē quę ē mater nr̄a & iterum
sed accessistis ad sion montē & ciuitatē dī uiuentis hierusalē

2 adiuuante illum superauerint gradum in quo coniugalis infir
mitas fuerit postulat. celsiorem possint laudabiliter obtinere
in quo continentiae uirtus palmam uitae melioris expectat

Fulgentii AD GALLAM
Domine uere inlustri et in xp̄i amore uenerabili filiae gallae

3 XVII. De his qui frequenter
idolis immolauerunt
Hii qui secundo & tertio
sacrificauerunt coacti
quattuor annis paeni
tentia subiciantur duo
bus autem aliis sine ob
latione communicent
& septimo anno perfec
te recipiantur;
XVIII De his qui et aliis sa
crificandi causas

4 pecto. conpecto. sepecto
dispecto. pso. olpso. celpso
stupepso, medepso,
expgepso. obuicempso,
circumpso, circumfeccio,
celfeccio, olfeccio, stupefeccio,
medefeccio, expgefeccio
circumfeccio.

5 QUI ORATIONEM HANC SCRIPSIT
QUAM DICIT URSSUM

6 cantes & maxime contrauersi pelles inimicos gratiae
dī doctrinae eius instructi uel potius eadem inlustrati
gratia semper existere uictores atque sui uictoris premia

1 & nunc dne ut quid tradidisti unu pluri
mis: & pparasti unam radice sup alias:
et disparsisti unicu tuu in multis & con
culcaverunt qui contradicebant spon
sionibus tuis quique tuis testamtis
credebant. & si odiens odisti populu
tuu tuis manibus debet castigari.
Et factu e cum loquitur eem sermones
istos: & missus e angelus ad me qui an
te venerat ad me pterita nocte. & dix mi.
Audi me & instruam te. & intende mihi
& adiciam coram te. & dixi. loquere
dns mi. & dixit ad me. valde in excessum
factus es in sensu. aut plus dilexisti
eum sup eu qui eu fecit. & dixi. non dne
sed dolens locutus su. torquent enim me

2 [illegible]

3 IN CALCE HOC NOLI ME PROTELARE DIU

4 ADIUVANTE DNO ISTO EXPLICAVI LIBELLO.

5 [illegible] 6 [illegible] 7 [illegible]

Léop. Delisle dir. L. Bénard sc. Imp. Auguste Bry, à Paris

ÉCRITURES DE L'ANNÉE 822.

1 CECIDITQ; OHOZIAS PER
cancellos caenaculi sui quod
habebat in samaria et ae
grotauit. Misitq; nuntios
dicensq; ad eos. Ite consulite
beelzebub deum accaron utrū
uiuere queam de infirmitate mea hac.
Angelus autē dn̄i locutus ē ad heliā thesbitē dicens.
Surge ascende in occursū nuntiorū regis samariae
et dices ad eos. Numquid nō ē ds̄ in isrl̄ ut eatis ad consu
lendū beelzebub deum accaron. Quã ob rem haec dic̄
dn̄s. De lectulo super quem ascendisti nō descendes sed
morte morieris. Et abiit helias. Reuersiq; sunt nuntii

2 PERICULOSUM OPUS, CERTE OBTRECTA
TORUM LATRATIBUS PATENS QUI ME
ASSERUNT IN SEPTUAGINTA INTERP
TUM SUGGILLATIONEM NOUA PRO UE
TERIBUS CUDERE. ITA INGENIUM QUASI

3 Sed Minor aduersus distractionē eorū pignorū & fi
duciarū quas pater obligauerat si non ita cooperauit
cu creditore distractae est restitui in integrum potest.

4 commoneas. Hic ergo fuit
hesternae disputationis sensus.
quod omnia quae uidentur
qm̄ certa mensura & arte
formaque ac specie constant.
sine dubio a sapientiae uirtute
facta esse credenda sunt.
Quod si mens & ratio est quae haec

5 Et dixit ihs centurioni.
Uade et sicut credi
disti fiat tibi. Et sana
tus ē puer in illa hora.
ET CUM UENISSET
ihs in domum petri
uidit socrum eius iacen
tem et febricitantem.

ÉCRITURES DE LA PREMIÈRE MOITIÉ DU IXe SIÈCLE.

1 tibi remissionem omniu peccatoru
ipse&liniat chrismate salutis in xpo
ihu dno nro in uitam aeterna;

2 Carolus gratia di rex francoru & langobardoru ac
patricius romanoru dilectissimo magistro nobq; cum

3 IN NATALE SCI STEPHANI.
LECTIO ACTUUM APOSTOLORUM.
STEPHANUS PLENUS GRATIA & FORTITUDI
NIS. Stephanus grece latine corona
tur dicitur; qui pulcherrima ratione qd
percepturus erat in re quodam praesagio
praeoccupaverat in nomine; Lapidatus hu
militer sed sublimiter coronatur. Aebraice

4 Sciendum e autem. quia quando haec p presentem annu computata st
cu magno sudore. erant anni ab initio mundi IIII DCCCXCVIII.
Ab incarnatione uero dni DCCCXLVII. Porro ciclus decenn XII.
Ciclus aute lunae VIII. & ciclus solaris XVI. Indictio aute erat
X. Annus uero quo Karlus suscepit regnu post patre suu hludouui
cum imp erat VII. Qui autem haec copulauit In exordio mundi noris
mundi fuit hucusq; pangens nouissima tepora usurus

5 PICTUS HABETUR OB HOC NEC NON REX PAGINA IN ISTA
UT QUISQUIS VULTUM AUGUSTI HIC CONSPEXERIT UMQUA
SUPPLEX IPSE DO DICAT CUNCTI POTENTI.
LOTHARIUS REQUIEM MEREATUR HABERE PERENNE.
PER DNM NOSTRUM XPM QUI REGNAT UBIQUE.

6 [XIII] DOMINO VERE SCO ET SUS
PICIENDO FRATRI AMANDO PRB HIERONIMUS.
Breuis epistola longas explanare non
ualet quaestiones; & in arctu multa conclu
dens stringere uerbis qd sensib; dilatatu est.
Interrogas quid significet illud in euangelio
iuxta mattheum. Nolite solliciti esse de crastino.

1 Iterum iudaicis motibus ac factionibus rursus ad
maiora progressis, rursus iudeae p̄sidens armata manu
sibi ab imperatore decreta insolentiā gentis acerrimae
conprimebat. Multa milia passim virorum feminarū
puerorūq; conficiens. quoniā ceteras iure belli romano

2 SURSUM CORDA. R̄. HABEMUS AD DOM̄. GRATI
AS AGAMUS DOM̄O DEO N̄RO. R̄. DIGNŪ ET IUSTŪ EST.
VERE QUIA DIGNŪ ET IUSTŪ EST INVISIBILĒ
dm̄ omnipotentē patrē filiumq; unigenitū dnm̄
n̄rm̄ ihm̄ xpm̄. toto cordis ac mentis affectu. &
vocis ministerio p̄sonare. Qui pro nobis aeterno patri adae
debitū solvit. & veteris piaculi cautionē. pio cruore detersit.

3 INCIP̄ INTERROG. LIBRI GENEOS ET RESPONSIONES
ALCUINI MAGISTRI
Dilectissimo in xp̄o fr̄i sigulfo p̄rbo alcuin̄ sal̄. Quia in diu du
ut et fidelis mi carissime frat̄ socius tanto temp̄r fuisti. & q̄ te sa
cre lectionis studiosissimum ēē novi paucas interrogationes
de libro geneseos quas, ut recordaris, pueri ceteri a me ex quisisti. parit̄
congregatas tuo nomine dicavi ut haberes unde tuum potuisses

4 VERS. PETRI IN LAUDE REGIS.
Culmina si regū ...
Factaq; pompifero dixerunt carmina gestu
...quid famosis splendentia facta triumphis
...temporis latesunt Karoli sub regmine regis
Quem rex alti potens caeli terraeq; creator

ÉCRITURES DU MILIEU DU IXE SIÈCLE.

1 BIBLORUM SERIE KARO
LUS REX INCLITUS ISTĀ
CONTEXIT CHRYSO COR
DE COLENS CATHARO ∴

2 VOTO BONAE MEMORIAE MANNONIS
LI BER
ADSEPULCHRŪ SCI AUGENDI OBLATUS

3 Hec tamen ista mihi de me fiducia surgit
Tu dux xpe loquitur pectoribus
In nobis nihil audemus sed fidimus ipse
Quos pugnare iubes et superare facis

4 Iu DIXIT ETIAM DS·
PRODUCANT AQUAE
REPTILE ANIMAE
UIUENTIS. ET UO
LATILE SUPER

5 Sicut et in promissione tua, tunc conuertentur ini
mici mei retrorsū· In quacumq; die inuocauero te.
ecce cognoui qm ds meus es·· In dō laudabo uerbum.
in dno laudabo sermonē. In dō speraui non timebo
quid faciat mihi homo· In me sunt ds uota tua. quae
reddam laudationis tibi· Qm eripuisti animā meā
de morte et pedes meos de lapsu· ut placeam coram
dō in lumine uiuentium·

6 III L VI II Lc II m VII + ANNO autem quintodecimo imperii tiberii caesa
ris procurante pontio pilato iudaeā· tetrarcha
autem galileae herode· Philippo autem fratre eius
tetrarcha itureae et traconitidis regionis· et lysania
abilinae tetrarcha sub principibus sacerdotū anna
et caipha· Factum est uerbum dni super iohannem

ÉCRITURES DU MILIEU DU IXE SIÈCLE.

1

IIII NON FEBR DIE II MENSIS
YPPOPANTI AD SCAM MARIAM
COLLECTA AD SCM ADRIANUM
Erudi dne qs plebem tuam · et quae extrinse
cus annua tribuis deuotione uenerari · inte
rius adsequi gratiae tuae luce concede · per
dnm nostrum ihm xpm filium tuum ·

2

INCIPIT LIBER SECUNDUS
Quoniã de rebus cum scriberem premisi comonens
ne quis in eis attenderet nisi quod sunt · non etiam si
quid aliud praeter se significant uicissim de signis disse
rens · hoc dico ne quis in eis attendat quod sunt sed potius
quod signa sunt · id est quod significant · signum est enim
res praeter speciem quam ingerit sensibus aliud aliquid

3

20

21

22

23

4

Notitia areas sci petri fossatensis monasterii · que sunt
in parisius ciuitate · Prima area quã tenet Lan
draud · habet in longũ pedes XL · in transuer
so · pedes XCV · de uno latere terra sci geruasii · ab
alio latere uno fronte terra sci iuliani · habet exi
tũ in uia publica · debet denar · IIII · cũ eulogias ·

ÉCRITURES DU IXE SIÈCLE.

1
unu[m] quemq[ue] ut[ru]m absoluo. Cu[m]q[ue] karolus
haec eade[m] uerba romana lingua p[er]orasset.
Lodhuuuic[us] q[uonia]m maior natu erat, prior
haec deinde se seruaturu[m] testatus e[st].
Pro d[e]o amur et p[ro] xpian poblo et n[ost]ro commun
saluament, dist di in auant, in quant d[eu]s
sauir et podir me dunat, si saluarai eo
cist meon fradre karlo et in ad iudha
et in cad huna cosa, sicu om p[er] dreit son
fradra saluar dist, In o quid il mi altre
si fazet. Et ab ludher nul plaid nu[m]qua[m]
prindrai, qui meon uol cist meon fradre
karle in damno sit. Quod cu[m] lodhuuuic[us]
explesset, karolus teudisca lingua sic h[a]ec
eade[m] uerba testatus est.
In godes minna ind in thes xpanes folches
ind unser bedhero gealtnissi, fon thesemo
dage frammordes, so fram so mir got
geuuizci indi mahd furgibit, so haldih thesan
minan bruodher, soso man mit rehtu
sinan bruher scal, in thiu thaz er mig so so
maduo, indi mit luheren in nohheiniu uu
thing ne gegango, the minan uuillon imo
ce scadhen uuerhen.
Sacram[en]tu[m] aut[em] q[uo]d utroru[m]q[ue] populus
quiq[ue] p[ro]pria lingua testatus est,
Romana lingua sic se habet. Si lodhu
uigs sagrament, que son fradre karlo
iurat conseruat, et karlus meos sendra
de suo part n lostanit, si io returnar non
lint pois, ne io ne neuls cui eo returnar
int pois, in nulla aiudha contra lodhu
uuig nun li iuer. Teudisca aut[em] lingua.

2
S[an]c[tu]s dionisius princeps
Mallo ep[iscopu]s
Massus ep[iscopu]s
Marcus ep[iscopu]s
Aduent ep[iscopu]s
Uisturin ep[iscopu]s

3
S[an]c[t]a maria
S[an]c[t]e michahel
S[an]c[t]e gabrihel
S[an]c[t]e raphahel
Omnes s[an]c[t]i angeli

4
HYMNUS ANGELICUS GRECI · IDEM LATINE ·

Doxa en ipsistis	Gloria in excelsis
theo ke epigis	d[e]o et super terra
irini en anthropis	pax in hominib[us]
eudokia	bone uoluntatis
enumen se	Laudamus te
eulogumen se	Benedicimus te
proskynumen se	Adoramus te
doxologumen se	Glorificamus te
eukaristumen	Gratias agim[us] tibi
si dia tin megalin su	Propt[er] magna[m] tua[m]
doxan. Kyrie	gloriam. D[omi]ne
basileu epuranie	Rex. de caelo.
theepater panto	Deus pater omni
crator. kyrie	potens. D[omi]ne
monogeni	fili unigenite

5
S[an]c[t]a petronella or[a]
S[an]c[t]a eufemia or[a]
S[an]c[t]a anastasia or[a]
S[an]c[t]a scolastica or[a]
Omnes s[an]c[t]e uirgines or[a]
Omnes s[an]c[t]i orate pro nob[is].

6
ergo uos iudicet in cibo aut in potu aut in parte
diei festi aut neomeniae aut sabbatorum, quae sunt
umbra futurorum, corpus aut[em] xpi. quod erat umbra

ÉCRITURES DU IXe ET DU Xe SIÈCLE.

1 unum et eundem eē conditorem id ē scam trinitatē iuxta beatū dd
dicentē; uerbo dñi caeli firmati st. et spū oris ei omis uirtus eorū; Quod
similit ostendit et hominis creatio; Ipse enim qui accepto limo de terra
plasmauit hominē. et p gratiam ppriae insufflationis animā donauit

2 V KL FEBR ID XXVIII DIE MENS IAN
NATALE SCAE AGNAE SECUNDO
DS qui nos annua beatae agnae martyris tuae so
lemnitate letificas: da qs ut quam ueneramur
officio etiam piae conuersationis sequamur
exemplo, p S U P E R O B L A T A
Sup haec qs dñe hostias benedictio copiosa descendat

3 Ecclesie scē dī salus et defensio perpetua. xps
Redemptor mundi tu illam adiuua
Scā maria tu illā adiuua
Scē michael tu illā adiuua. Scē petre tu.
Exaudi xpe. xps uincit. Iohanni summo pon

4 Uisitauit ab angelo; saluauit ab angelo;
benedicauit ab angelo; beatificauit
ab angelo; Turbauit in sermone;
cogitauit in cogitatione; sanctificauit

5 Vere quia dignū & iustū est aequum & salutare.
nos tibi semp & ubiq; gratias agere. Dñe scāe
pater omps aeťne ds. Honorū auctor & distri
butor omniū dignitatū. p quē pficiunt uniuer
sa. p quē cuncta firmantur. Amplificatis
semp in melius natura rationalis incrementis.

1 LXXXVIIII. DE AUGMENTATIONIBUS RERŪ
ECCLESIASTICARUM. ET UT NULLUS DEBEAT
ESSE INDIGENS. IN ECCLESIIS. QUIBUS EPISCOPI PRE
SIDENT. Eiusdem. kap̄. VI.
Memoratis ergo augmentationibus ac culti
bus in tantum eccl̄ie quibus ep̄i presidentes
dn̄o adminiculante creuerunt. et in tantis maxima
pars earum abundant rebus. ut nullus sit in eis
cō munem uitā degens indigens. Sed om̄ia necessa
ria ab ep̄o suisq. ministris p̄ capit. Ideo si aliquis
extiterit modernis aut futuris temporibus. qui hoc
auellere nitatur. iam dicta dampnatione feriat̄.

2 Primus
enim
pontifex
Aaron
crismatę
composi
tionis
p̄unctus
princeps
po puli
fuit.

3 Denique depositum corpus ante sc̄i Symphoriani martyris altare
etiam dominica que aduenerat nocte ac die. et usq. in uesp
tinam pene horam quartā a transitu diei qui sc̄da feria habe
batur. magno concursu fidelium. multaq. deuotione frequen
tabatur. ita ut noctu et interdiu congregationes sc̄orum se

4 Iam et ipsa materia. celū et t̄ra appellata ē. Isto genere
locutionis. etiam dn̄s locutus ē. cū dicit. Iam non dicā
uos seruos. quia seruus nescit quid faciat dn̄s eius; Uos autē
dixi amicos. quia om̄a quecūq. audiui a patre meo. no
ta feci uobis; Non quia iā factū erat. sed quia certissime
futurū erat; Nā post paululū dicit illis; Adhuc multa

5 D̄S MISSA IN ANNIUERSARIO DEDICATIONIS AECCL̄AE.
qui nobis per singulos annos huius sc̄i templi tui
consecrationis reparas diem. et sacris semp mis
teriis representas incolumes. exaudi p̄ces popli

Imp. Delisle dir. ... Bénard sc.

ECRITURES DE LA PREMIÈRE MOITIÉ DU XIE SIÈCLE

1 INCIPIT PROLOGUS IN VITA SCI AC BEATISSIMI MARTINI EPI TURONENSIS

Ego quidem frater unanimis libellum quem de vita sci Martini scripseram scheda sua premere et intra domesticos parietes cohibere decreveram. Quia ut sum natura infirmus iudicia humana vitabam ne quod fore arbitror sermo inculatior legentibus displiceret omniumque;

2 SEPTEMBER ET FEBR

3 si ex arbitrii libertate in hoc ventum est numquid ignorabat ille qui creavit eos quod in malum declinaturi essent quos creabat. Oportuit ergo nec creari eos quos deviaturos ab itinere iustitiae praevidebat. Audiant ad haec qui ita proponunt quod huiuscemodi assertionibus illud volunt osten

4 Obiit Maurardus abbas.
Hoc anno capta e civitas Senonum a gloriosissimo rege Rotberto regnante anno XXVIII.
Hoc obiit Rainoldus epis. paris.

5 Multi autem erunt primi novissimi et novissimi primi

Erant autem in via ascendentes hierosolimam et praecedebat illos ihs et

6 quod et si in via intrassent idest in xpo qui dixit ego sum via et si hunc panem manducassent nequaquam in heremo idest in ignorantia litte

1 tē · egtt sci bonifacii mrs · Itē
bonifacii epi · mrs · qui de brictannis ueniens · in frisia passus est.
Obiit Leotardus subdiaconus ·

2 Finis namque istius libri · dum a cunctis
neglegenter contempneretur multis
annorum curriculis · ab Odone nutrito
in cenobio Sci Mauri sup Ligerim sito
curiose quesita ē · ac recollecta · et que
deperierant rescripta · que vero deerant
ob amorē Scē Marie · Sciq; Petri fossatensis ·
devote ē scripta · anno incarnati uerbi · millesimo ·
L VIIII anī ·

3 In hac nocte protoplastus antiquus · peregrinus redit ad paradisi patriā xpo
cherubin mouente · Ab hac enim nocte ·
dominice resurrectionis paradisus patet · Nulli clauditur · nisi a se ipso ·

4 XXI.

Accidit aūt isdē dieb; ut beatus Maurilius ad frīm uisitationē
& int quosdā discordes refirmandā pacē · Cinomannicā uocare
tur ad urbē · Quo cū sine mora uenisset · & pace int dissides resti
tuta regredi cepisset · antequā ad pontē leuge puenirēt · incole
loci ipsius ut benedictionib; psulis firmari mererent̄ · ei aduentū
deuotius pstolabant̄ · Int quos · parentes cuidā pueri filiū suū ni
mia infirmitate ex tempore grauatū secus uiā p quā transiturū epi
fore cognouerant posuer̄ · dicentes · Poterit enī si uoluerit nr̄i in
fantuli obtinere salutē · qui mortuo puero uitā reddi obtinuit ·

5 EXPLICIT TRACTATUS DE PSALMO XCV ·
INCIPIT TRACTATUS DE PSALMO XCVII ·

MAGNA SPECTACULA praebet
dš cordi xpiano · et quibus uere nihil iocun
dius possit inueniri · si tamen palatum
assit fidei · cui sapiat mel dī · Credimus
omnib; uob qui in saluatorē nr̄m toto

6 cl.x iii · Post hunc successit uictor · mensib; iiij · dieb; vij ·
Urbanus annis xi · mensib; iiii
Paschalis annis decē & nouē · mensib; quinq;
Gelasius · anno uno · dieb; quattuor ·

1 De manu eius fugiens fugiet. Ille etenim fugit de
manu ferientis. q̄ puitatē suę corrigit actionis. Vel cer
te quia in sacro eloquio manus opatio solet intelligi. de
manu pcussi fugit. qui dum prauu interitum conspicit.
uias prauitatis relinquit. Vnde adhuc subditur.
Stringet sup eum manus suas. Manus quippe stringe
re est. uitae suę opa in rectitudine confirmare.

2 medici. iq̄ de humanoꝝ corpoꝝ scripsere natis. pcipue gallien̄ in libris quoꝝ ti
tul̄ . pueroꝝ iuuenū ac pfecte etatis uiroꝝ. mulieruq; corpora insito calore
feruere. inq̄tos ēē his etatib; cibos q̄ calorē augent. sanitatiq; ēducere fri
gida queq; in esu t potu sumere. sic econtrario senib; pcipit q̄ uita laborant
t frigore. calidos cibos t uetera uina pēē. Vnde t saluator attendite in q̄d
uob ne forte grauent̄ corda urā in crapula t ebrietate. t curis huī uitę. & apls.

3 Mundi anno .vi. lxv. diuini incarn̄ .d. lxv. octa
uo impii sui anno iustin̄ infirmat̄ ē & tristat̄ aduīs
baduariū. hucq; iniuriis lacessiuit. Nouissime ū pce
pit cubicular̄ pugnis cesū educere illū in conspectu
gcilii t senatoꝝ. Erat enī comes in palatiū stabuloꝝ.

4 INCIPIT
HISTORIA

5 Emmaus de quo loco fuit cleophas. De Euuangeliis.
cuius lucas euangelista meminit. hec est nunc nicopolis
insignis ciuitas palestinę. Effrain iuxta desertū ad q̄ uenit dns
ihc cum discipulis suis. Item de hac & sup sub ephron uocabulo.
Huc usq; p correpta littam e. nominū sunt lecta pncipia. exin
p extensū legam̄ elementū q̄d grece dr etha.

6 Dilectissimo filio ianuario augustin̄ in dño salutē.
Ad ea quę me interrogasti. mallē p nosse q̄d interrogat̄
ipse responderes. Ita enī t approbando t emendando res
ponsiones tuas. multo breuius possē responde. & te facillime
aut confirmare. aut corrigere. Hoc q̄de ita dixi mallē. sed tn̄
ut ne respondem malui longiorē face sermonē q̄ dilationem
Primo itaq; tenere te uolo q̄d . huī disputatois capt. dnm̄ ihm
xpm sicut ipse in euglio loquitur leni iugo suo nos subdidisse &

Planche XXXVI.

1 dem et alia exhortans euangelizabat populo.
Populus syon ecce dominus ueniet ad Dominica .II.
saluandas gentes et auditam faciet dominus gloriam uo-
cis sue in leticia cordis uestri. PS Qui regis israhel intende qui deducis uelud ouem ioseph. ORATIO.
Excita domine corda nostra ad preparandas uni-

2 Inter hec omnipotens deus mirifica in orbe magnalia
monstrauit, quibus intuentium corda ut castigarentur
anxietate commonuit. Nam in hieme precedenti nimii
imbres fluxerunt et inundationes fluuiorum habi-
tacula hominum plus solito inuaserunt. Rotomagen-
ses inde et parisiaci aliique ciues seu rustici testes sunt,
qui furentes redundantis sequane gurgites in damno
domorum segetumque suarum persenserunt. In sequenti
quadragesima nimius in sequana uentus efflauit
et aliquandiu exsiccauit. A ripa usque ad ripam
quispiam pertransire potuisset, si attemptare insolitum
iter ausus fuisset. Hoc parisius uidit et merito
expauit.

4 Henricus .II.
Conradus .II.
Henricus .III.
Henricus .IIII.
Henricus .V.
Lotharius .II.
Conradus .III.

3 Ex decreto gloriosissimi principis hoc sancitum elegit concilium ut iudeis non liceat christianos seruos nec christia-
na mancipia emere nec cuiusquam consequi largitatem.
Nefas est enim ut membra christi seruiant antichristi ministris.
Quod si deinceps seruos christianos uel ancillas iudei habere
presumpserint, sublati ab eorum dominatu libertatem a principe con-
sequantur.

5 Calixtus.
Honorius.
Innocentius.

6 Sermo beati Ieronimi presbiteri.
Dominus autem conuocatis
discipulis suis ait.
Misereor turbe quia
triduo iam perseuerant me-
cum et non habent quod man-
ducent. Et dimittere

7 Extra has et alie gentes fuerunt
que romanum imperium dilacera-
uerunt, id est gepides, thurci, alani,
burgares et alie plures que
omnes ab aquilonis plaga exierunt,
ut super hoc fortasse uideatur
dictum per prophetam: ab aquilone
pandetur malum super uniuersam
terram.

Léop. Delisle dir. — L. Bénard scr.

Imp. Auguste Bry, à Paris

ÉCRITURES DE LA PREMIÈRE MOITIÉ DU XIIe SIÈCLE.

1 Exaudi nos omnipotens et misericors deus, et continentie
salutaris propitius nobis dona concede. Per. SECR.
Per hec veniat quesumus domine sacramenta nostre redemptionis
effectus. qui nos et ab humanis semper retrahat excessibus;
et ad salutaria cuncta perducat. Per. P. CO.
Sacris domine mysteriis expiati. et veniam consequamur et gratiam. Per.

2 Episcopus pauperibus ut infirmis qui debilitate xii
faciente non possunt suis manibus laborare.
victum et vestimentum inquantum possibilitas ha-
buerit largiatur. xiii
Omnes basilice que per diversa constructe sunt

3 EXPLICIT

4 Et ille tribulationes quas iusti patiuntur ad istam pertinent
flammeam rumpheam. qua insigne probatur aurum et argentum
et homines acceptabiles in camino humiliationis. Et iterum.
Vasa figuli probat fornax. et homines iustos temptatio tribulati-
onis. Ex tractatu psalmi centesimi primi.
Et ossa mea sicut in frixorio confrixa sunt. Et ipsa ossa mea. et ipsa
fortitudo mea. non sine tribulatione. non sine ustione. Ossa corporis xpi. fortitudo corporis xpi. Ubi maior quam in sanctis apostolis.
Et tamen video ossa frigi. Quis scandalizatur. et ego non uror.

5 Eximie vero nobilitatis adolescens cor-
nelius scipio. cum plurimis et clarissi-
mis familie sue cognominibus ab-
undaret. in servile serapionis ap-
pellationem vulgi sermone impactus
est. quod huiusce nominis victimario quam simi-
lis erat. Neque illi aut morum probitas

6 TITULUS SCRIPTORIS.
Feliciter emendatum descriptum
primum. iussu illustris comitis
henrici. Willelmus Anglicus.
anno incarnati verbi. M°. C°. LXVII°.
Indictione. XV^{ma}.

1

Et addidit furor dñi irasci contra isrł. & com-
mouitq; dauid in eos dicentē uade & nume-
ra isrł & iudā. Et cetera. Triginta fortiū ultim' posi-
tus erat urias etheus: uidelicet ppt' id q̄d scelꝰ
Et addidit furor dñi irasci contra isrł. Iam enim
istis facta fuerat in dauid & in domo eiꝰ: inpo-

2

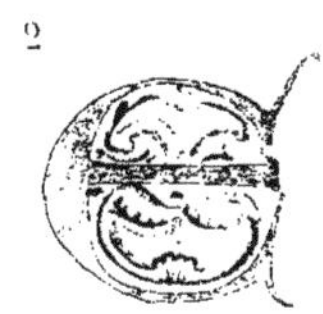

3

& eufrates. Tygris animal ē uelocissimum.
& ideo fluuius ille a sua uelocitate tygridi
equiuocatus ē. hic uadit contra assirios. Dicit
iosephus. quod tygris dicit' diglat. quod so-
nat acutum. uel angustū. Eufrates frugifer'
uel fructuosus. De quo p quas transiret regio-
nes. quasi notum tacuit moyses: quia ē in

4

Annalis hy-
storia ē que
p annū facta
est. kalendaria ē
q̄ in uno q̄q; mse
facta ē. id ē factū in-
signe aliqd q̄d in uno
mse factū ē. Efimera
ē q̄d repente factū ē.
id est uno die uel i
parte mensis.
hac similitudi-
ne efimera ē
piscis. qui uno
die nascit'
eodēq; morit'.

5

Prbri. Xpc. Chorus. Xpc. Prbri.
Exaudi xpe. chorus. Sumo
pontifici & uniuersali pape uita.
Prbri. Exaudi xpe. Chor. Sumo.
Prbri. Exaudi. Chor. Summo.
Prbri. Redemptor mundi. chor.

6

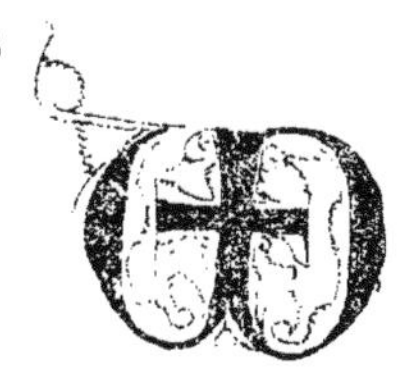

ECRITURES DE LA FIN DU XIIE SIÈCLE.

1

2

3

5

4

6

ÉCRITURES DE LA PREMIÈRE MOITIÉ DU XIIIE SIÈCLE.

1

2

3

4

5

6

7

Léop. Delisle dir. ... Pénot sc.

Imp. Auguste Bry, à Paris

ÉCRITURES DU MILIEU DU XIIIE SIÈCLE.

1

2

3

4

5

6

7

8

ÉCRITURES DE LA SECONDE MOITIÉ DU XIIIe SIÈCLE.

1

R. divina permissione Attrebatensis episcopus omnibus presentium inspectoribus salutem in omnium salvatore. Sciat fidelium universitas quod nos autenticum Willelmi domini de Buscoio suscepimus et inspeximus cuius seriem de verbo ad verbum hiis litteris nostris inseri fecimus

2

[illegible]

[illegible]

3

ut ea de cetero tanquam feodata
rius reciperet ac teneret ab ipso
et eiusque successoribus ad eius
iudicium statuit ut de pro
priis reddibus predictorum regnorum
pro omni servicio ac consue

4

amis. Et por ce que je ne savoie fors barboier ne dire cho
se souffisant je ne vuel ores plus dire mes finem in
a matiere a la gloire nostre seigneur a cui en soit toute lou
ange qui nos maint en sa compaignie la ou est pardurable
vie amen. Cest livre compila et parfist uns freres de lor
dre des preescheors a la requeste dou roy de France phelip
pe. En lan de lincarnacion ihesucrist mil deus cenz sex
ante dix et nuef. Deo gracias. Et fu escripz de pe
trus de falons clerc ou mois doctembre que li mellai
res nostre corroit mil. ii. iiii. vint. et x. iiii.

5

Et vous ne me donastes pas a men
gier. Maleoit alez el feu pardurable.

Cis livres ci finist. Bone
aventure ait qui le escrist.
Henris ot non lenlumineur
Dex le gardie de deshouneur.
Si fu fais lan. m. cc. iiij.xx. v.

6

[illegible]

ÉCRITURES DE LA FIN DU XIIIE SIÈCLE.

1

fr̃ Jacobus de Molay miles magr̃ ordinis [illegible]
domini [illegible] p(er) dictos dnos commissarios [illegible]
defendere dictum ordinem [illegible] dns [illegible]
[illegible] et ideo supplicavit quod dicti dni
commissarii [illegible] in super istis quantum [illegible]
presencia dni pape et [illegible] dicerent quod [illegible]
expediret. Cui dicti commissarii exposuerunt declarantes
quod [illegible] sua sicut [illegible] singularem [illegible]
nec intendere volebat nec poterat. Set tantum
procedere in iusticia sibi commissa contra ordinem [illegible]
[illegible] eius [illegible] quod eos [illegible] oportebat et
requisivit idem magister quod dicti dni commissarii
[illegible] dno pape quod se et alios [illegible]
[illegible] ad suam presenciam evocaret et dicti
dni commissarii [illegible] ei quod [illegible]
quantocius possent.

2

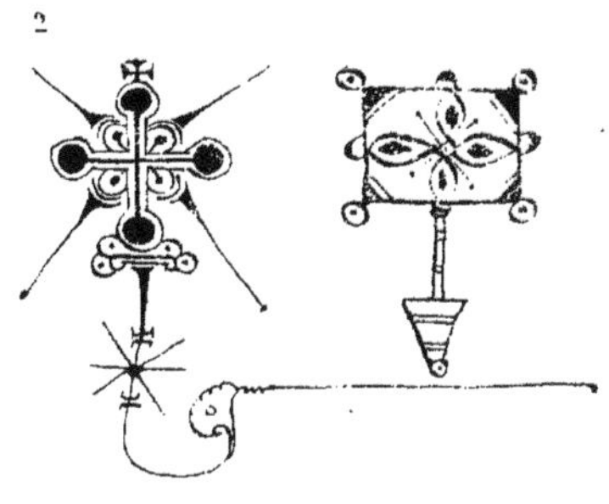

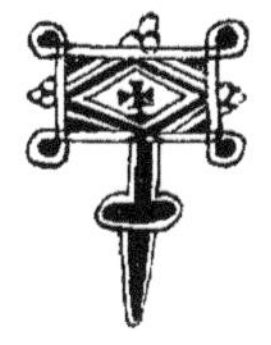

Hic incipit liber de dina et
kalila translat' par'
et oplet' per raimū
dū de biteris phisicū
ordinat' ex yspanico i latinū
anno dni m° ccc° xiii ipo deo
et excellenti[illegible]
q illustre dnā regina navarre
× fr̃es et hz nobilissimi ab excellentia
dno pho dei gratia rege ordi
nem militarem benig
nissime susceperunt

4

[illegible]iudicio vero regis
ipse turbatus et [illegible]
tatus et mandavit ad se
vocare viros suos cunctos
civitatis doctos in sompni
orum interpretacione et exp
tos. Erant autem viri isti
de numero illorum quorum antea
rex preceperat interfici. Qui fue
runt scilicet duodecim virorum qui

Christianissimus itaque rex Philippus strenue re
gnum rexit, multipliciter augmentavit,
servande equitati et iusticie cura in omnibus intendens,
summopere custodiens veritatem, faciens iudici
um passis iniuriam, pauperes fovit, misericors er
ga eos existens, ut posset dicere cum psalmista: Qui se

6

Octavius ut hospitalitatem
amarent. Nonus ut volunta
tem dei in faciendis quererent,
et eam opere complerent. Deci
mus ut eam in non faciendis q
rerent et ea vitarent. Un
decimus ut caritatem amicis et
inimicis impenderent. Duode
cimus ut in custodiendis hiis
vigilem curam adhiberent.

[illegible] dessiné par [illegible] Mesnard sc. — Imp. Auguste Bry [illegible]

ÉCRITURES DU COMMENCEMENT DU XIVe SIÈCLE.

1 Alius prologus generaliter continens ea que sequ
ntur.
Libellum autem istum quem ad honorem sancte et su
mme ac individue trinitatis de vita et actibus istorum
trium domini testium indomabilium et predictorum patri
dictis hinc inde sparsis conscribendum iussi suscepimus

2 Ci commencent les croniques des Roys de France depuis le temps des pre
miers roys qui i furent dusques au temps du roy Phelippe qui fu filz Phe
lippe li biaux et frere le Roy Loys. Les queles Pierres honnorez du Nuef
chastel en Normendie fist escrire et ordener en la maniere que elles sont
selonc lordenance des croniques de saint Denis. A mestre Thomas de Mau
buege demorant en rue nueve nostre dame de Paris. Lan de grace nostre
seigneur mil ccc et xviij. Et contiennent trois generacions.

3 Apres en lan de grace ensuiuant
mil cc lviij. s. loys roy de fra
nce fiz de pes et de concorde depres
en et revint des parties doutre mer.
Lan de lincarnacion nre seignor
mil cc lix fu fondee en leveschie
de paris labaie des freres mene
eurs que len apele cordelieres delez
saint clouost sus saine ou lieu que
len dit loncchamp de religieuse et

4 Benedixitque deus noe et filiis eius.
Et dixit ad eos. Crescite et multipli
camini et replete terram. Et terror vester ac
tremor sit sup cuncta animalia ter
re et sup omnes volucres celi cum universis
que moventur in terra. omnes pisces ma
ris manui vestre tradite sunt. et omne quod
movetur et vivit erit vobis in cibum.

5 Avint comme al temps
estoit si perilleus pour
la seignorie des mescreans
venoient son nueve en pelerina
ge a Iherusalem et la tin en Bethlen
pour prier nostre seigneur

6 Et que causas et omnia
quare nunciium huius
modi contractum fuit
debeat continere nec ante
solemne integram mu
tui sic contracti, denique sum
me singulis annis ut

Imp. Auguste Bry, à Paris

ÉCRITURES DE LA PREMIÈRE MOITIÉ DU XIVe SIÈCLE.

1 Ce livre est le duc de Normendie et de Guienne.
Jehan.

2 Charles.

3 Charles.

4 Henri du Trevou a escript ce livre de l'information des roys et des princes. Et la chose a escripte le mercredi xxiiie jour de septembre l'an mil ccc lxxix pour le roy de France Charles son tres chier et redoubte seigneur.

5 En racomte du roy Phelippe qui en chevauchant par la cite trouva le corps d'un homme mort qui estoit navre de plusieurs plaies et gesoit jouste le chemin. Et comme il regardast par tout environ et il ne veist nulli, si se prist a penser que de tout aucun bon homme qui se fust fort deffendu contre plus(ieurs) de ses anemis et que autrement il ne

6 Ne deues pas celui de bien faire. et tu meismes sais bien se tu pues. Ne di mie a ton ami va et revien demain et je te donrai lors quant tu li pues presentement donner. Ne procure pas mal a ton ami ne ne pourchasse comme il ait en toy fiance. Ne estrive pas contre aucun homme pour noiant.

7 Ceste bible est a nous Charles le Ve de notre nom roy de France et est en ii volumez et la fimez faire et parfere.
Charles.

8 De tous ces vers en la rime
Par ordre les lettres prenez
Si vous sera mult bien descript
Pour qui cest livre fu escript
Et fu parfait, que je ne mente
L'an mil CCC trois et LX.

9 Cest livre nome Rasional des divins ofises est a nous Charles le Ve de notre nom et le fimes translater escrire et tout parfere l'an mil ccc lxxiiii.

10 Ainsi fine ce livre qui est de l'ordinaire romain. combien que ii petiz livres y soient adjoustez. c'est a savoir d'aucuns des sains qui sont mieulz mis en forme en la translacion que

11 Charles.

12 Les quelz les establiroient et ordeneroient a la seurte tant du roy comme du pais. Les quelz respondirent que ainsi le feroient. Mais a plus grant seurte le roy voult qu'il le jurassent. Si le jurerent sur les saintes euvangiles de dieu, et sur la vraye croix.

Imp. Delisle dir. L. Bénard sc.
Imp. Auguste Bry, à Paris

ECRITURES DU XIVE SIÈCLE

1 Explicit istud breviarium ad usum ecclesie seu ordinis sancti victoris prope parisius positi in duobus voluminibus. Et fuit scriptum per manum Yvonis hominis ad mandatum et expensas Reverendissimi domini mei et magistri magistri Johannis pastorelli domini nostri regis francie consiliarii et presidentis in Camera compotorum. Et fuit completum Die sabbati decima nona die mensis octobris. Anno domini. m°. ccc°. nonagesimo secundo.

2 O tres glorieuse marie
Vierge. de dieu mere et amie
D ame des ciely et de tous anges
J oie de toussains et archanges
N ostre confort nostre esperance
D ame faites nous delivrance
E n fin de maulz si que pmission
C ognoistre / en reception
A u point de la mort vostre fils
R oyne puissant qui iadis
V intes theofil vostre amy
A cquiter du fauly ennemy
N ous comendons tres chiere dame
A vous nre corps et nostre ame
Y ci tant com sommes en vie

Amen / chascun
de nous en die.

3 Et ne convient ia faire table des notables de si petit livre. mais son fist signer les es marches du texte et de la glose. Item touz les mos estranges de ce livre sont exposez en leurs lieux en glose ou en la table des fors mos de politiques. Et pour ce nest il mestier de en faire autre table.

4 Ce livre est au duc de Berry.

Jehan

5 Il respondoit que en ce espargnoit il au menu peuple. Car les procureurs qui scevent bien que ilz ne sont que a peu de temps menguent le peuple iusques au sanc. Et de tant comme ilz sont a plus brief temps de tant seigneurissent ilz plus griefment et plus asprement. Et ceulz qui seurviennent nouviaux si degastent tout

6 Ci fine le premier volume du livre du mirour hystorial escript par Raoulet dorliens. Lan mil trois cens quatre vins et seize. parfait / a dieu graces rendy. de Juing le premier vendredy

1

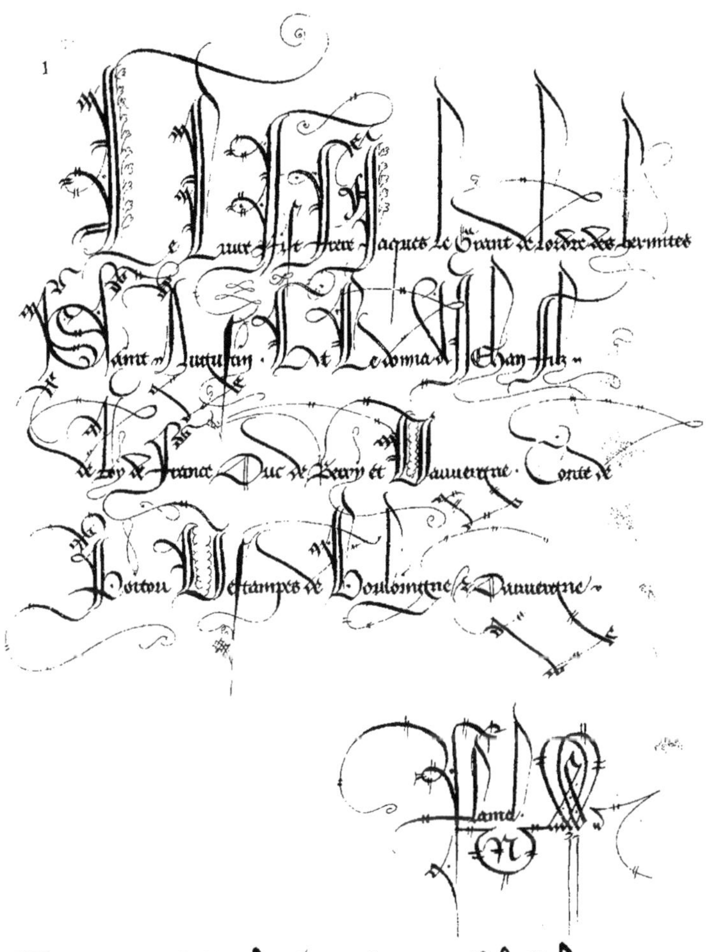

Ce livre fist frere Jaques le Grant de lordre des hermites Saint Augustin. Et le donna a Jehan filz de roy de France, duc de Berry et d'Auuergne, conte de Poitou, d'Estampes, de Bouloingne et d'Auuergne.

Jehan

2 Item une Bible abreuiee en un grant volume richement ystoriee et enluminee comencant Hic incipit prologus

Item un psaultier escript en latin et françoys tres richement enlumine, ou il a plusieurs ystoires au commencement de la main maistre Andre Beauneveu, couvert d'un velluau vermeil a deux fermoers d'or esmaillez aus armes de mons.

[illegible] Pénard sc.

Imp. Auguste Bry à Paris

ÉCRITURES DU COMMENCEMENT DU XVe SIÈCLE

Item du livre de Genezis, expositions de mistères, les paraboles Psalmon et plusieurs choses de contemplacion, en un petit volume gros, couvert de chemise de toille, a deux fermoers d'argent, bien historié, escript de grosse lettre de forme en françois, a ii colombes, commençant ou iie fo. invocet soit fils et ou derrenier par Dieu qui est.

Item le coustumier de Normendie, en un petit livret a pipe couvert de cuir rouge, et y est la paige pour faire le serement et le kalendrier audevant, escript de lettre de forme en françois a deux coulombes, commençant ou iie fo. apres le kalendrier de tort de haro, et ou derrenier ne Rembligne aliy, a deux fermoers de laton.

Item l'enseignement et gouvernement des roys selon saint Augustin, rimé, en un petit livret escript de lettre de forme a une coulombe, duquel le prologue si est en latin et le demourant en françois, commençant ou iie fo. regem instituunt, et ou derrenier en voy, couvert de cuir rouge empraint, a deux fermoers d'argent plains.

Item un livre ou sont les paraboles Psalmon et les Machabees jadiz en rayre sanz ..., en grant volume bien escript de lettre de forme en françois, et n'est point historié, commençant ou iie fo. les royes de ..., et ou derrenier de ..., a ii coulombes, couvert de cuir rouge, a ii fermoers de laton.

Item un livre couvert de soye a deux fermoers d'argent dorez, escript de lettre de note, et comme ouquel il dit en l'ancien inventoire estre escriptz les privileges donnez des papes aus roys de France. Mais ce sont les lettres des aliances faites par les roys de France avecques plusieurs empereurs et roys, collacionnées aus originaulx et signées en partie de deux tabellions apostoliques, et est escript tout ledit livre a une coulombe, partie en latin et partie en françois, commençant ou iie fo. apres les rubriches fastigia dignitatis, et ou derrenier de ... Et fault ledit livre estre bien regardé.

Item Boece couvert de soye ... a ... blans, a deux fermoers d'argent dorez, esmaillez de France, ... escript en françois de ... bien historié, ... commençant ou iie

1 Explicit la proposicion faitte de par luniversite de paris devant les seigneurs du sanc roy al et tout le conseil qui estoit assemble pour la refformacion du royaume lan mil quatre cens et cinq le samedi vii^e iour du moys de novembre Deo gracias.

2 Qua non possunt manere in eodem ne que quiescere

Non celles habitudes ne peuent demourer en un estat pource quil fault nouveau tel corps continuelment ou ilz ne pourroient porter le labour Et ainsi ilz ne peuent reposer en tel estat pour la grant multitude des humeurs qui sont en lui

3 Ce pseaulme fist David quant lui et ses gens furent sauvez et gardez de la traison des habitans de Ceyla, non obstant quil les eust deffenduz contre les phillistiens si comme il

4 Explicit tractatus de venenis magistri petri de hebano paduani. Scriptus per me nicolaum astesanum illustrissimi et excellentissimi principis et domini mei domini Karoli ducis aurelianensis et mediolani etc. Secretarium.

5 Explicit liber de consideracione novissimorum scriptus ad supplicacionem reverendi in christo patris domini dionisii divina providencia ... parisiensis ... finitus anno domini millesimo cccc^o xliii^o die iii mensis Januarii.

Hunc librum ... michi duci Aurelianensi

Karolus

De camera compotorum Blesis

6 Ce livre est au duc dorleans.

Charles

7 Jehan

8 Iste liber ... Jo. Cailleau ... Jo. ...

Iste liber postea ... fuit ad ludum scacorum a dicto magistro Johanne Cailleau per me ducem Aurelianensem etc.

Karolus

9 Karolus

Dux Aurelianensis etc.

1 dit quicq. neq; contra senatus auctoritate ut aliqd faceret adduci potuit. Iudicabat eni liberis senten ciis patru conscriptoru causam sua facile optineri. & cetera.

Nihil amplius in exemplari volumine .p. transcriptor scriptu invenit. id igit ei⁹ ignavie aut impicie nō ascribat imputet idn. Qui hunc dedit operi finem Biturris. Maii. xxiii. Anno dominīce incarnatōnis. M. cccc. lxi. ad preceptu Serenissimi p̄ncipis & dni dni Caroli francoru regis filii. etatis ei⁹ anno xv.

2 La Curee est au Duc ... La marche ...

Pour caclatz

3 et gouvernés en ceste petite et briefve vie que nous puissions acquerre le Royaume de paradis p vivre et Regner sans fin avec Jhesucrist in secula seculorum Amen

4 Charles

5 Profugis deinde ad cesare confluentib; suadentibusq; ut pompeio mente adhiberet qui decuplatos legē vel precipue in illū intenderet. Cesar bene sperare illis persuasit / pompeiu̅ collaudare non destitit. Tribunos porro adhortatus est ut legē proferrent qua cesari q̄vis absenti secundū consulatū petere liceret. et hoc pompeio in consulatu presidente et nichil adversus eum molliente agitabatur. Cesar senatū sibi adversū su

6

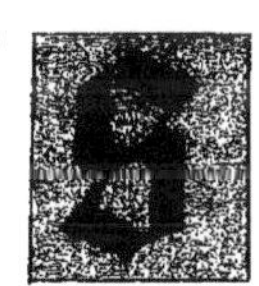

7 Le erreur ay boute
En cestui debat
De felicite
Le erreur ay boute
Ou rien mal dicte
Contrit men rens mat
Le erreur ay boute
En cestui debat.

8 Jesus homme et Dieu de douleur
Transmis en ... par le vouloir divin
Pour reparer l'offence du pecheur
Que par abuz du serpent trayteur
Le premier homme par conseil femenin
Nous asservit : mais Dieu lui fut benin
Et pour nous tous ce beau fruict nous donna
Pour en gouster : soit fort qui sen donna

Léop. Delisle dir. — L. Bénard scr.

Imp. Auguste Bry, à Paris

ÉCRITURES DE LA SECONDE MOITIÉ DU XVE SIÈCLE.

Fac simile de la miniature placée en tête [illegible]

www.ingramcontent.com/pod-product-compliance
Ingram Content Group UK Ltd.
Pitfield, Milton Keynes, MK11 3LW, UK
UKHW020922180726
13838UKWH00002B/705

9 782329 020884